# LOS PASOS DEL MAESTRO PARA JÓVENES

## Como testificar CON FACILIDAD

RAY COMFORT
ALLEN ATZBI

EDITORIAL DESAFIO

**Los pasos del Maestro** por Ray Comfort y Allen Atzbi



Escrito orginalmente en inglés bajo el título Way of the Master: Student Edition. © 2018 por Ray Comfort y Allen Atzbi. Publicado por Bridge-Logos Inc. Newberry Road, FL 32669, USA, propietario de los derechos literarios en inglés.

La versión de la Biblia utilizada en esta traducción: es Reina Valera Revisión 1960.



Traducido por: Sally de Arias
Redacción : María Inés Garzón
Diseño de portada, diagramación y ebook: Brenda Bustacara

Publicado y Distribuido por Editorial Desafío
Cra.28A No. 64A-34, Bogotá, Colombia
Tel. 571 630 0100
Email. desafio@editorialbuenasemilla.com
Versión Ebook en Amazon.com y IBOOK
Todos nuestros libros en: www.libreriadesafio.com

Categoría: Vida cristiana, Jóvenes
ISBN: 978-958-737-167-3

Impreso en Colombia
*Printed in Colombia*

# CONTENIDO

# PRÓLOGO

Durante muchos años, tuve el privilegio de trabajar con mi evangelista favorito, Ray Comfort, en un galardonado programa de televisión llamado "Los pasos del Maestro".

Juntos también escribimos un libro con el mismo título. Ahora, Ray trabaja en conjunto con Allen Atzbi, un maravilloso hermano cuya especialidad es capacitar a los jóvenes para alcanzar a los perdidos.

El libro que tiene en las manos probablemente le causará risa, temor, ánimo y por encima de todo, la capacidad de compartir su fe con más creatividad y denuedo de lo que antes pensaba posible.

Es mi sincera oración que permita que las verdades bíblicas y principios dados en estas páginas penetren y saturen su corazón y su mente. Si así lo hace, creo que todo ello sacudirá su mundo, y aumentará su amor por los perdidos, tal como me impactó a mí.

**KIRK CAMERON**

# INTRODUCCIÓN

¿Le gusta cuando le presentan a alguien? A la mayoría de las personas no les gusta. A casi todos nosotros, nos da un poco de estrés momentáneo, de modo que tendemos a olvidar el nombre de la persona.

Por eso, cuando se nos presenta alguien, es un hábito efectivo decir, "Hola, Fred. Fred, ¿en cuál lugar estudias? (Por supuesto, sí, su nombre es Fred). Decir su nombre varias veces le ayudará a meterlo en su banco de memoria. Cuando después necesita sacarlo, tendrá un deposito, porque se había molestado en ponerlo ahí. Es un poco vergonzoso olvidar el nombre de una persona apenas unos segundos después de la presentación.

Entonces, mi nombre es Ray Comfort. ¿Ya lo tiene? Allen Atzbi (¿ya captó este también?) y yo escribimos este libro. No nos preocupa demasiado si se acuerda de nuestros nombres o no, pero definitivamente queremos que recuerde lo que escribimos. Por favor, guarde las cosas que lee en su banco de memoria, especialmente lo que voy a decir en esta pequeña introducción.

Este libro es una edición para jóvenes de *The Way of the Master (Los pasos del Maestro)*, un libro estrella en ventas que escribí hace muchos años. Nuestra meta es dirigir esta enseñanza vital a jóvenes, que desesperadamente necesitan oír la verdad del evangelio, y también cómo compartirla con otros.

Posiblemente usted no lo ha notado, pero el dicho "la juventud se malgasta al dársela a los jóvenes" a menudo es verdad. Durante nuestra juventud, típicamente no vemos nuestro tiempo como nuestra posesión más preciosa, de modo que no lo utilizamos sabiamente. Es sabio el joven que toma en serio el mandamiento *"Acuérdate de tu Creador en los días de tu juventud"* (Eclesiastés 12:1); también el que ora seriamente con el salmista, *"Enséñanos de tal modo a contar nuestros días, que traigamos al corazón sabiduría"* (Salmo 90:12).

Esta edición para jóvenes es importante, porque le dirá cómo usar su tiempo sabiamente. También le ayudará a dirigir su energía de joven de manera que afectará la eternidad de los que están a su alrededor. No hay mejor manera de ocupar sus días.

En este libro Allen, con su manera única y orientada hacia la juventud, ha puesto los principios bíblicos encontrados en *The way of the Master.* Para guiarle en esto, he incluido un "RAYo de luz"* para iluminar su camino al comenzar cada capítulo, y "Palabras que reCONFORTan" al final, para animarle mientras aprende a seguir Los pasos del Maestro.

En este estudio, mantenga presente que tiene un enemigo (el "padre de mentiras") que le acusará y le susurrará toda clase de mentiras. La Biblia dice que el diablo, *"como león rugiente, anda alrededor buscando a quien devorar"*, (1 Pedro 5:8). Buscará intimidarle, paralizarle, condenarle y desanimarle. Debe entender que será su blanco específico, porque este libro enseña cómo hacer la voluntad de Dios en el asunto de primera importancia. Usted fue salvo para servir en la batalla más grande que existe: *"Pelea la buena batalla de la fe, echa mano de la vida eterna"* (1 Timoteo 6:12). Enfrentará una lucha cuando busca la salvación de los perdidos, de modo que debe guardar en el corazón los principios bíblicos que presentamos. Asegúrese de cumplir las secciones de estudio, para solidificar lo que ha leído y aplicarlo a su vida. ¿De acuerdo?

Bueno, esta fue la corta introducción. Espero que no se haya estresado. A lo mejor, va a querer leerla de nuevo, para guardarla en su banco de memoria. De todos modos, ha sido un gusto conocerle. Espero que algún día, podamos conocernos personalmente.

Mientras tanto, que Dios le bendiga, le guarde y le utilice maravillosamente, para alcanzar a una generación perdida y pecaminosa, cuyo rumbo es el infierno.

**RAY COMFORT**

*En la edición en inglés, el autor a propósito utiliza su propio nombre: "Ray" significa "rayo", y "Comfort" que significa consuelo. [N de T]

# CÓMO USAR ESTE ESTUDIO

Un antiguo proverbio dice: "Díme, y lo olvidaré. Muéstrame, y tal vez lo recordaré. Pero involúcrame, y entenderé". Si usted termina este libro y solamente adquiere más conocimiento sobre la evangelización, no le será de mucho beneficio. Diseñamos este libro para que fuera un maestro y también un compañero que vaya con usted y lo discipule mientras usted se involucra más profundamente en la aventura emocionante y asustadora de hacer del testificar un estilo de vida.

Para cumplir esto, hay una breve sección de estudio al final de cada capítulo. Si estudia el material a solas, lo puede utilizar como su tiempo devocional personal. Pero si de alguna manera le es posible encontrar a otros con quienes hacer el estudio, será más eficaz: por ejemplo, con el grupo de jóvenes de su iglesia, con algunos amigos, o con compañeros de estudio "home school".

Cómo utilizar las secciones de estudio:

- **Para comentar:** Hablar del contenido del capítulo de la semana, para resaltar los puntos principales.
- **Para analizar:** Este ejercicio le ayudará a procesar y a practicar uno de los puntos principales de la enseñanza del capítulo de la semana.

- **Para investigar:** Cada capítulo incluye un pasaje de las Escrituras sobre el tema en que se enfoca, y preguntas específicas que ayudarán a dar vida a los principios del capítulo.
- **Para interiorizar:** La Palabra de Dios es poderosa y cambia vidas, especialmente cuando es guardada en el corazón. Dedique tiempo esta semana para memorizar este versículo, y después, repetirlo de memoria cuando esté en el grupo.
- **Para vivir:** Estas actividades le ayudarán a salir de su "zona de confort" para que en el mundo real, ponga en práctica lo que haya aprendido.

*Si está leyendo el libro a solas:* Tómese el tiempo de reflexionar sobre las preguntas "Para comentar" y formule sus propias respuestas. Haga el ejercicio "Para analizar "frente a un espejo, o trate de encontrar a alguien con quien compartirlo. Cuando haga la sección "Para vivir", tendrá que rendir cuentas a su propia consciencia; y en la siguiente semana, hágase una evaluación de cómo le fue, y felicítese. (Buenas noticias: Cuando los ejercicios "Para analizar" estipulan una competencia, ¡usted gana automáticamente!)

*Si está leyendo el libro en grupo:* Antes de cada reunión, lea el capítulo a solas, el pasaje bíblico y adelántese en la memorización del versículo "Para interiorizar". Después, en el grupo, complete todas las preguntas y ejercicios, comparta sus pensamientos y experiencias referente al material. Mutuamente, anímense los unos a los otros para hacer que el testificar sea un hábito normal de sus vidas.

## Materiales requeridos:

- **Tratados:** Como parte del aprendizaje de cómo testificar, estará repartiendo tratados en las actividades de los últimos capítulos. Le animamos a comprar los tratados de este estudio, llamados "Aguas vivas". Sus mensajes del evangelio reflejan el procedimiento utilizado en este libro (como descubrirá durante la lectura), y su diseño único y atractivo hace que sean ideales para cuando usted testifique por primera vez. (El tratado de un Millón de dólares es ideal para los jóvenes, aunque hay docenas de buenas opciones disponibles en LivingWaters.com).

Para grupos, el líder debe asegurarse de pedir con aticipación suficientes tratados para todos los participantes, un mínimo de veinticinco para cada uno, con un excedente mayor para sus esfuerzos posteriores.

- **El libro:** Cada persona en el estudio debe tener su propia copia del libro. Para grupos, favor ver LivingWaters.com, para recibir descuentos de copias en cantidad.

Finalmente, dado que lo que estamos estudiando no es "el camino de Ray y Allen", sino "Los pasos del Maestro", Jesús, mantendremos nuestro enfoque en la base bíblica de esta enseñanza. Le animamos a buscar las referencias bíblicas dadas en todo el material; sea como los de Berea, y mire a ver si estas cosas son así (Hechos 17:11).

CAPÍTULO UNO

# Las treinta y siete voces silenciosas

**Un RAYo de luz:** Está próximo a empezar lo que posiblemente sea la aventura más grande de su juventud; y ciertamente, este capítulo pondrá este viaje en su debida perspectiva. Al leer este libro notará su propio crecimiento de muchas maneras; pero todo empieza con el "por qué" de alcanzar a otros. Este capítulo le dará la luz vital necesaria para su camino.

Muchos crímenes recibían la atención durante los años 60s, pero un homicidio sobresalió por su efecto de choque en los Estados Unidos. El crimen no fue el más grotesco, pero para muchos, les pareció el más trágico. En la primavera de 1964, una mujer de veintiocho años cayó víctima de su pesadilla más horrible, y sus vecinos no hicieron nada.

Estaba volviendo a casa en las horas de la madrugada después de salir del trabajo, cuando no muy lejos de su conjunto, un hombre la atacó. Repetidas veces, la apuñaló con un cuchillo, mientras ella lanzó gritos aterrorizados diciendo "¡Por favor, auxilio! ¡Socórranme, por favor!" En algunos apartamentos cercanos, se prendieron las luces. Poco después, el atacante se alejó caminando. En el silencio de la noche, la víctima, llorando, luchó para ponerse de pie. Sangrando profusamente de varias heridas de cuchillo, ella logró llegar a su edificio. Después de algunos minutos, el atacante volvió. La acuchilló otra vez. Ella gritó, "¡Estoy muriendo! ¡Estoy muriendo!" Otra vez, se prendieron unas luces y se abrieron algunas ventanas de los apartamentos. Entonces, el atacante corrió a su carro y se alejó.

Sangrando profusamente, la mujer tambaleó al pasillo de su edificio de apartamentos y colapsó en el piso. Momentos más tarde, el hombre volvió una última vez. Siguió el camino de sangre hasta la puerta, donde la mujer yacía sangrando en la baldosa del piso. Y ahí, mientras la indefensa mujer, apenas consciente y en estado de choque por el dolor y la pérdida de sangre, el hombre cortó su ropa y la asaltó sexualmente. Después, tomó $49 dólares en efectivo de su billetera y la acuchilló violentamente una vez más, matándola.

Ese horroroso incidente duró más de treinta minutos. Finalmente, en ese momento, alguien llamó a la policía. Los agentes llegaron en el transcurso de dos minutos, y rápidamente encontraron el cuerpo de la mujer en el pasillo. Había sido acuchillada diecisiete veces. Según el informe noticiero, una encuesta del vecindario demostró que hubo muchos testigos. La policía descubrió que supuestamente algunas treinta y ocho personas habían oído o habían observado una parte del ataque fatal. *Un solo testigo llamó a la policía, y cuando finalmente la llamada llegó, era demasiado tarde como para salvarle la vida.* ¿Todas esas personas no actuaron porque tenían temor? Un lugarteniente dijo, "(Que cuando las personas) están en sus casas y al alcance de sus teléfonos, ¿por qué temer llamar a la policía?" Pero el hecho, cruel e increíble, es que aparentemente docenas de personas oyeron o vieron algo; sin embargo, no se molestaron a investigarlo. Los que estaban en una posición de poder prevenir una tragedia guardaron el silencio, mientras una mujer fue acuchillada brutalmente y dada de baja. Ellos no hicieron nada para intervenir y salvarle la vida. Posiblemente todos pensaban que otra persona iba a ayudarle.[1]

## UNA ATROCIDAD INCONCEBIBLE

Más tarde, un oficial comentó a la prensa, "Si nos hubieran llamado cuando el hombre la atacó primero, a lo mejor la mujer no estuviera muerta".[2] Si alguno de los vecinos sencillamente hubiera llamado a la policía a la primera señal de problemas, la víctima posiblemente habría sobrevivido. Puede ser que las primeras puñaladas no habrían sido fatales".

Al pensar en todos esos testigos silenciosos, si usted se siente totalmente disgustado, eso es bueno; debe ser así. Cuando vemos una tragedia semejante y no levantamos ni un dedo para ayudar, demuestra que carecemos de la básica virtud humana de la compasión. Llegamos a ser como los mismos malvados criminales.Tal como cada uno de nosotros tenemos la obligación moral de salvar a una vida humana, como cristianos tenemos la responsabilidad aún más grande de salvar las almas de las personas. Como la mujer en esta historia, los individuos alrededor de nosotros están en peligro de perder sus vidas—por toda la eternidad. La muerte implacablemente los persigue. Podemos desear alejarnos y no involucrarnos, pero Dios tiene otras ideas: Él nos ha llamado a cada uno de nosotros a rescatar a los que perecen sin Cristo.

Los vecinos de la mujer podrían haber pensado que, con otras luces prendidas y las personas en sus ventanas, alguien llamaría a la policía. Ni uno solo marcó el 911 hasta después de la muerte de la pobre mujer. Dios no acepta la excusa de que "otra persona lo hará". Él espera que salvemos a los que se están muriendo, y promete que tendremos que rendirle cuentas si no.

Escuchemos la seria advertencia que Dios le dio a Ezequiel:

> *Cuando yo dijere al impío: De cierto morirás; y tú no le amonestares ni le hablares, para que el impío sea apercibido de su mal camino a fin de que viva, el impío morirá por su maldad, pero su sangre demandaré de tu mano.* **(Ezequiel 3:18)**

Ezequiel recibió una encomienda muy seria, una que se aplica a cada uno de nosotros. Proverbios 24:11-12 dice, "*Libra a los que son llevados a la muerte; salva a los que están en peligro de muerte. Porque si dijeres: Ciertamente no lo supimos, ¿Acaso no lo entenderá el que pesa los corazones? El que mira por tu alma, él lo conocerá, y dará al hombre según sus obras.*

## ¿CUÁL ES LA VOLUNTAD DE DIOS PARA MI VIDA?

Durante mis años como pastor de jóvenes, tan predecible como un reloj, apenas llegaba el penúltimo año de secundaria, los estudiantes, con la mente fija en la universidad, me acosaban con esta pregunta: "¿Cuál es la voluntad de Dios para mi vida?" Le puedo asegurar que esto involucra mucho más que solamente en cuál universidad debo estudiar, con quién me casaré, o cuál carrera debo escoger. La voluntad de Dios para su vida es *más* grande: usted está destinado a conocer a Dios, y hacer que otros también le conozcan.[3]

La voluntad de Dios para su vida y la mía puede encontrarse en Mateo 22, cuando Jesús nos dio lo que son conocidos como los más grandes mandamientos:

> *Y uno de ellos, intérprete de la ley, preguntó por tentarle, diciendo: Maestro, ¿cuál es el gran mandamiento de la ley? Jesús le dijo: Amarás al Señor tu Dios con todo tu corazón, y con toda tu alma, y con toda tu mente. Éste es el primero y grande mandamiento. Y el segundo es semejante: Amarás a tu prójimo como a ti mismo. De estos dos mandamientos depende toda la ley y los profetas.* **(Mateo 22:35-40)**

La voluntad de Dios para cada uno de nosotros es amarlo con cada aspecto de nuestro ser, y amar a la gente fervientemente, tal como nos amamos a nosotros mismos.

Se ha dicho que, "Los que continuamente están buscando la voluntad de Dios son sobrepasados por los que están ocupados en hacer Su voluntad". Cuando usted ha buscado a Dios en oración y ha recibido sabio consejo sobre la voluntad de Dios, la mejor manera de descubrir los detalles de ella es comenzar a hacer lo que es claro en el momento. ¡Un aspecto crítico sobre la voluntad de Dios para nuestras vidas es que Él ya nos ha mostrado que necesitamos alcanzar a los que perecen!

Jesús dijo, *"Amarás a tu prójimo como a ti mismo"*(Mateo 22:39). No sé qué piensa usted, pero personalmente, no quiero ir al infierno. Trágicamente, allí van a llegar las personas si mueren sin el perdón de Cristo por sus pecados. Entonces, si amamos a otros como nos amamos a nosotros mismos, nos preocuparemos por el lugar dónde terminarán ellos, a tal punto que haremos algo para prevenirlo.

## EL TESTIGO NÚMERO TREINTA Y NUEVE

Las últimas palabras de Jesús antes de ascender al cielo no fueron, "Cuídense. ¡Nos veremos más adelante!" Al contrario, Sus últimas palabras en la tierra fueron un mandamiento. Él, a quien llamamos nuestro Señor, dijo, *"Id por todo el mundo y predicad el evangelio a toda criatura* (Marcos 16:15). Otra vez, esto no es una sugerencia de lo que podemos hacer, cuando no tenemos algo mejor. Jesús nos dió la *orden* de compartir las buenas nuevas, y de proclamar la verdad del evangelio: que nuestros pecados pueden ser perdonados y podemos tener vida eterna. ¿Quién hay que no quisiera compartir semejantes maravillosas noticias?

Imaginemos que un reconocido y famoso investigador de medicina acaba de sufrir un fulminante ataque al corazón. Al saber que solo le quedan pocos minutos de vida, extiende su mano temblorosa y le entrega un papel con su descubrimiento más reciente: la cura para el cáncer. Con una intensa mirada en los ojos, susurra, "¡Entrégale esto al mundo!" y expira. Esto es un cuadro del inmenso valor de lo que Dios nos ha entregado, y su mensaje es urgente.

A través de la sangre de Cristo derramada en la cruz, tenemos la única cura para la enfermedad mortal del pecado que ha infectado a toda la humanidad.

Cuando Jesús nos ordenó proclamar la palabra, ¡estaba enviándonos a salvar al mundo! Si no compartimos el evangelio, que es la única esperanza para la humanidad, estamos negándole la cura al paciente. Somos personas crueles y egoístas. Entienda que, *si no abre su boca para salvar a los perdidos, es otro testigo silencioso.*

## SI ES NECESARIO, UTILICE PALABRAS

¿Alguna vez ha oído el dicho popular: "Predique el evangelio todo el tiempo; si es necesario, utilice palabras"? Esta expresión a menudo se atribuye a Francisco de Asís, pero no solo es citada erróneamente, sino que es una completa equivocación.

*Siempre* es necesario utilizar palabras para compartir el evangelio de Jesús. Mire este pasaje revelador:

> *Porque todo aquel que invocare el nombre del Señor, será salvo. ¿Cómo, pues, invocarán a aquel en el cual no han creído? ¿Y cómo creerán en aquel de quien no han oído? ¿Y cómo oirán sin haber quién les predique.*
> **(Romanos 10:13-14)**

Tenemos que abrir la boca y verbalmente compartir el mensaje, para que la gente pueda oír y creer.

Un pequeño examen: Mientras que está descansando en una silla al lado de una piscina, ve a un niño que se está ahogando. ¿Cómo actuaría?

1. Sonreírle y agitar la mano
2. Ofrecerle un almuerzo
3. Invitarlo a la iglesia
4. Tirarse al agua para salvarle

Posiblemente piense que esté "testificando" cuando vive una vida correcta. Puede razonar que su estilo de vida le hablará a las personas y hacer que pregunten qué es lo que le hace tan diferente. *Entonces,* piensa que ahora se le abre la puerta para poderles testificar. No quiero incomodarle, pero tengo que preguntarle: ¿Qué tal le ha funcionado eso? ¿Cuántas personas le han hecho esa pregunta: ¿cinco, veinte, cincuenta?

Probablemente muy pocas. Amar a Dios en forma genuina y vivir una vida piadosa es muy importante, pero su estilo de vida por sí solo no salvará a la gente. Dios necesita usar su lengua también. No podemos sencillamente *esperar* que los perdidos conecten los puntos y nos pregunten cómo ser salvos del infierno. ¿Por qué? Ellos no se dan cuenta de que van rumbo al infierno. Entonces, necesitamos tenerles compasión y abrir nuestra boca. No esconda la cura en un bolsillo mientras la gente muere; désela a todos los que pueda. ¡Solamente necesitamos obedecer a Jesús y *compartir* las buenas nuevas!

Si fuera a ver a un ciego caminando hacia un abismo de 300 metros de profundidad, no serviría sonreírle y tocar una hermosa música cristiana. ¡Adviértale sobre el peligro! Él morirá si usted no le habla. Ninguna parte de la Biblia indica que debemos guardar silencio y esperar a que los inconversos lleguen a tener el interés suficiente como para preguntarnos sobre nuestra fe. Algunos cristianos creen que 1 Pedro 3:15 les provee un escape, porque dice *"Estad siempre preparados para presentar defensa con mansedumbre y reverencia ante <u>todo el que os demande</u> razón de la esperanza que hay en vosotros"*. Pero recuerde que Jesús envió a Sus seguidores al mundo a predicar a *todos* (Marcos 16:15). La Palabra de Dios claramente dice que hemos de involucrar a las personas en conversaciones espirituales. Es ahí cuando tenemos que tener respuestas para sus preguntas.

Porque tenemos compasión, tenemos que advertirles a las personas de su peligro y estar *"arrebatándolos del fuego"*(Judas 23).

¿Recuerda el efecto del silencio para la mujer? No seamos como ellos.

## LOS ÚLTIMOS PASOS DEL HOMBRE CONDENADO

A finales del siglo 1800, un condenado criminal británico se aproximaba a sus últimos momentos de vida. Estaba en su "camino de muerte" hacia la horca, donde pronto iba a ser ejecutado. El ministro de la prisión, como había hecho muchas veces antes, caminó al lado del condenado, leyendo en voz alta sobre las llamas del infierno. El prisionero estaba asombrado de que alguien que decía creer la Biblia podría leer en forma tan despreocupada y fría de los terrores del infierno, sin ninguna lágrima en sus ojos ni ningún temblor en su voz.

El condenado pensó dentro de sí, *¿Cómo puede él creer que hay un fuego eterno que nunca consumirá sus víctimas, y no sentirse conmovido?* Cuando el hombre no podía contenerse más, se quejó con el ministro: "Señor, si yo creyera lo que usted y la iglesia de Dios dicen creer, aunque Inglaterra estuviera cubierta de costa a costa con vidrios rotos, yo caminaría encima de ella, o la cruzaría en manos y rodillas, para salvar a por lo menos un alma de semejante infierno".[4]

Que ninguno de nosotros tome livianamente la horrible realidad del infierno. También, hay una estadística muy conmovedora: *150.000 personas mueren cada día,* y la mayoría entra a la eternidad sin el Salvador. Muy pocas personas saben la fecha de su cita con la muerte, como la sabía este hombre, de modo que tenemos que estar rescatando a las personas antes de que sea demasiado tarde.

## UNA PESADILLA SIN FIN

El infierno siempre me ha sido la motivación más importante para testificar. Pensar en un ser que estará atormentado en el infierno por una eternidad me dan ganas de llorar. Me hace alejar mis temores, salir y hablarle a la gente de Dios.

La Biblia nos advierte, *"¡Horrenda cosa es caer en manos del Dios vivo!"*(Hebreos 10:31) Pablo dijo que una de sus motivaciones principales para testificar era tener presente el juicio venidero: *"Porque es necesario que todos nosotros comparezcamos ante el tribunal de Cristo...Conociendo, pues, el temor del Señor, persuadimos a los hombres"* (2 Corintios 5:10,11). Observemos las temibles palabras que la Biblia utiliza para describir el regreso de Jesús:

> *...cuando se manifieste el Señor Jesús desde el cielo con los ángeles de su poder, en llama de fuego, para dar retribución a los que no conocieron a Dios, ni obedecen al evangelio de nuestro Señor Jesucristo; los cuales sufrirán pena de eterna perdición, excluidos de la presencia del Señor y de la gloria de su poder.* **(2 Tesalonicenses 1:7-9)**

La Biblia se refiere al día de juicio como el *"día de la ira"* (Romanos 2:5). Es el día cuando el Hijo de Dios se sentará en Su trono como el Juez justo del universo, y enviará a los culpables pecadores al juicio eterno del infierno. (Si no entiende por qué hará eso, vea "¿Cómo puede un Dios amoroso enviar a gente buena al infierno?" del capítulo 11).

La Biblia dice que el infierno es un lugar de tormento eterno reservado para los que desprecian a Dios, y que rechazan a Jesucristo y el perdón que Él cumplió.

Jesús describe que el infierno es un lugar de:

- No solo lágrimas, sino *"lloro y el crujir de dientes"* (Mateo 8:12; 13:42)

- El crujir de dientes, lo que hace la gente cuando está en una agonía extrema (Mateo 13:50)
- Completa oscuridad, *"las tinieblas de afuera"* (Mateo 25:30; Judas 1:13)
- Llamas eternas donde *"el fuego nunca se apaga"* (Marcos 9:48; Mateo 25:41)
- Tormento sin fin (Apocalipsis 14:10-11)

Piense en los que están sentados en una prisión, pasando día y noche en confinamiento solitario. Tiene que ser algo horrible. Me imagino que ellos tienen un mejor entendimiento del infierno que la mayoría de nosotros. Su vida pasa en soledad y vaciedad, sin nada para ocupar su tiempo; y no ven ningún fin de ello. Y cuando piensan en los crímenes malignos que los condenaron a estar allí, puede ser que sienten vergüenza y remordimiento. Pero aun allí, esos prisioneros solamente tienen una pequeña muestra de los tormentos del infierno.

Porque para ellos, siempre hay una esperanza. Aún con la sentencia de cadena perpetua, eventualmente, como en unos cincuenta años o más, encontrarán la libertad a través de la muerte. Los que han confiado en Cristo entrarán en el cielo, con sus pecados perdonados. Pero para los que fueron enviados al infierno...no hay remedio. Ellos no tendrán perdón, ninguna segunda oportunidad. Su sentencia en esa prisión eterna no será de cien años, o de un millón de años; ¡será por siempre! Piense en eso. Se me remueven las entrañas mientras escribo esto. El infierno es un lugar de horrores indescriptibles, un lugar que premia los pecados del hombre con vergüenza eterna y tormento.

Carlos Spurgeon, un famoso predicador del siglo de los años 1800, dijo una vez:

> Si los pecadores serán condenados, por lo menos que tengan que pasar por encima de nuestros cuerpos; y si ellos perecen, que sea con nuestros brazos alrededor de sus rodillas, rogándoles que se queden…Que ninguno vaya allí sin ser advertido y sin recibir oración a su favor.[5]

Si amamos a Dios, le obedeceremos; y si amamos al prójimo como a nosotros mismos, tendremos suficiente preocupación por los perdidos que abriremos nuestras bocas. Si tenemos compasión, como debemos tener como seguidores de Cristo, aprenderemos a vencer nuestros temores. Seguramente todavía nos dará susto hablar de Jesús, temeremos ser rechazados o parecer algo fuera de lo común; pero porque tenemos compasión, nuestro amor conquistará nuestros temores.

¿No abrirá su boca para ser un testigo fiel?

## Palabras que reCONFORTan

Cuando leí sobre esa pobre mujer que fue apuñalada repetidas veces, después violada sexualmente y ejecutada, me sentí horrorizado hasta las lágrimas. Los seres humanos son capaces de sentir una empatía que rara vez es vista en el reino animal. Podemos identificarnos con el dolor de otros, porque somos hechos a la imagen de Dios. Pero cuando el pecado entró en la humanidad a través de Adán, esa imagen fue dañada. Hay algo en cada uno de nosotros que es capaz de ver a alguien con una necesidad pero cerrar nuestro corazón y rehusarle ayuda (1 Juan 3:17). Dios los libre de que esto pase en la vida de un creyente.

He pensado muchas veces cómo yo reaccionaría, si durante mi charla delante de una audiencia, alguien llegara con una pistola y empezara a disparar. ¿Por instinto, correría a esconderme, o buscaría salvar a las personas, yéndome hacia el atacante para buscar dominarlo y quitarle su arma? ¿Me preocuparía más por mi propia vida preciosa, o tendría el valor de salvar a otros? Espero que podría tener el valor de hacer lo que sé es lo correcto. Después de mandarnos a amar los unos a los otros, Jesús dijo, *"Nadie tiene mayor amor que éste, que uno ponga su vida por sus amigos"* (Juan 15:13).

Probablemente la mayoría de nosotros nunca tendrá que encontrarse en la posición de arriesgar nuestra vida por otros. Pero estamos rodeados de una muchedumbre que está siendo devorada por la muerte y condenada al infierno. Espero que nunca cerremos nuestro corazón para no cumplir con lo que sabemos que es nuestro deber. El único precio es nuestra comodidad. Hagamos que esto sea un motivo de oración urgente: que caminemos a diario en el amor de Cristo, más preocupados por otros que por nosotros mismos.

# GUÍA DE ESTUDIO

## PARA COMENTAR:

1. ¿Qué sintió cuando leyó sobre los testigos silenciosos?
2. ¿Por qué piensa que no llamaron a la policía? ¿Estas excusas sirven?
3. ¿Ha compartido el evangelio alguna vez? Si contesta afirmativamente, brevemente comente con quién compartió, y cómo le fue.
4. ¿Por qué muchos jóvenes están más concentrados en cuál universidad van estudiar, que en los millones que van al infierno?
5. Verdadero o falso: No necesito testificar con mis palabras, sino que mi estilo de vida cumplirá la tarea. Explique su respuesta.
6. ¿La realidad del infierno le motiva a testificar? Explique su respuesta. ¿Hay algo que le motivaría más?

## PARA ANALIZAR:

En grupos pequeños, diseñen "comerciales" sobre el testificar. ¡Utilicen su creatividad! Pretendan que testificar es tan emocionante como una nueva bebida deportiva o una película que se estrenará este viernes. Demuestren entusiasmo, pero a la vez las verdaderas razones para testificar. En diez minutos, cada equipo presentará su comercial. El equipo ganador merecerá el derecho de jactarse.

## PARA **INVESTIGAR:**

Lea el siguiente pasaje bíblico, y después explique su significado.

**2 Reyes 7:3-16**

1. ¿Qué fue lo que motivó a los leprosos a volver a la ciudad?
2. ¿Cómo habrían podido sentirse los leprosos si nunca hubieran dado las buenas noticias, y como resultado, su pueblo haber muerto de hambre?
3. ¿Qué relación tiene esta historia con testificar?
4. ¿Piensa que ellos se sintieron igual a Pablo en 1 Corintios 9:16? Explique su respuesta.

## PARA **INTERIORIZAR:**

Id por todo el mundo y predicad el evangelio a toda criatura.

**(Marcos 16:15)**

## PARA **VIVIR:**

Llame a dos jóvenes de su iglesia o de su escuela, y compártales que está haciendo este estudio sobre testificar. Pídales su ayuda para cumplir la tarea de esta semana contestando algunas preguntas. Escriba sus respuestas y compártalas en el estudio de la próxima semana.

1. ¿Con cuánta frecuencia comparte el evangelio?

   Joven 1

   Joven 2

2. ¿Cómo testifica verbalmente a desconocidos? Explique su respuesta.

   Joven 1

   Joven 2

3. ¿Cuál es la verdadera razón que no comparte el evangelio con más frecuencia?

   Joven 1

   Joven 2

4. ¿Les gustaría asistir al estudio sobre el testificar la próxima semana?

   (¡Convénzalos!)

CAPÍTULO DOS

# Ayudas para enfrentar sus temores

**Un RAYo de luz:** Usted no es el único que se siente intimidado cuando piensa en compartir su fe, pero Dios nos ha dado poderosas armas en las Escrituras para vencer estos temores. Las siguientes verdades le ayudarán a soltar su lengua para poder hablar de Cristo con denuedo.
Recuerdo como si fuera el día de ayer la primera vez que compartí con un desconocido. Tenía 15 años y me encontré frente a un supermercado cerca a un gimnasio World's Gym.

En el gimnasio, hablé con un adulto que trabajaba en la recepción. Él había llegado a ser mi mentor y la persona a quien frecuentemente acudía con mis preguntas sobre la Biblia. Mientras hablamos, comenté que yo les había testificado a todos mis amigos hasta cuarenta y siete veces. Pensé que él me iba a dar palmadas en el hombro, pero por lo contrario, me preguntó algo que cambiaría mi vida para siempre: "¿Alguna vez tú testificas a personas desconocidas?" Yo nunca lo hacía. Entonces, este mentor piadoso me miró a los ojos, y… ¡me llamó "gallina"! Quedé sin palabras, mientras él paseó a lo largo del gimnasio delante de todos los que estaban allí, cloqueando como una gallina y agitando sus brazos doblados como alas.

Tal vez no fuera una acción muy considerada, pero funcionó. Me enojé, no con él sino porque era verdad:¡yo *sí, era* una gallina, porque me asustaba demasiado el pensar en testificarle a una persona desconocida! Salí afanosamente por la puerta, determinado a testificarle a alguien. Casi podía ver una llameante línea roja alrededor de toda persona mientras las analizaba una por una, decidiendo quién iba a ser mi primera víctima.

Como a quince metros del gimnasio, frente al supermercado Winn-Dixie, un joven estaba caminando a solas. Mientras me acerqué al blanco, una amiga me interceptó y quiso charlar conmigo. Pero fríamente pasé delante de ella, con un solo pensamiento en la mente: *¡Voy a testificarle a un desconocido!* Abrí la boca, y le dije al joven todo lo que sabía sobre Jesús durante unos 55.3 segundos, y después me alejé. Ja, pobrecito, probablemente ni se dio cuenta que fue lo que pasó. Fue un fracaso total, y para ser honesto, *nunca recomendaría hacer esto;* y definitivamente no es el método que enseñamos en este libro. Pero mientras me alejé, estaba emocionado pensando, *lo hice. ¡Yo, Allen Atzbi, conquisté mis temores—Sí! ¡Le testifiqué a un extraño!*

Después, cuando pensaba que mi vida no mejoraba, entendí que tendría que forzarme a enfrentar este temor constantemente. Me tocaría repetir la secuencia otra vez. *¡Upa!* Por un tiempo, todo me era muy difícil, y a veces salía exhalando plumas de gallina; pero Dios es bueno. Él siempre me ayuda a alcanzar a los perdidos, y le ayudará a usted también, si así lo desea.

## LO QUE DIOS DICE A LOS QUE TIENEN "TESTIFICAFOBIA"

Se menciona la palabra "temer" más de 450 veces en la Biblia. Cuando pensamos en los héroes de la Biblia, los valientes padres de nuestra fe, inmediatamente algunos nos llegan a la mente: Moisés, el gran libertador del pueblo judío; Jeremías, el poderoso profeta de Dios; y Pablo, el apóstol que llevó el evangelio a muchas partes del mundo y escribió la mitad del Nuevo Testamento. Pero un hecho poco conocido de ellos es que todos sufrían de la "testificafobia". ¡Pensar en testificar para Dios los aterrorizaba!

Cuando Moisés fue escogido por Dios para liberar a su pueblo de la esclavitud, él no lo quería hacer. Le dijo a Dios que no hablaba bien, y pidió que escogiera a otra persona (Éxodo 3-4). A Jeremías, le sudaban las manos, sintiéndose incapaz. Cuando Dios le dijo a Jeremías que hablaría a Su favor, inmediatamente argumentó, *"He aquí, no sé hablar, porque soy niño"* (Jeremías 1:6). Y aún el mismo Pablo dijo, *"Y estuve entre vosotros con debilidad, y mucho temor y temblor"* (1 Corintios 2:3). Temblar representa un alto grado de ansiedad.

Moisés pensó que no tenía suficiente talento, Jeremías pensaba que era demasiado joven y sin experiencia, y Pablo se sentía completamente abrumado. Sabemos que el temor no obstaculizó a esos grandes hombres de Dios, porque de otro modo sus nombres nos serían desconocidos. Entonces, ¿cuál era la clave? ¿Cómo vencieron sus temores? La respuesta se encuentra en lo que Dios les dijo. Dios le dio la misma promesa a cada uno: Él iba a estar con ellos (Éxodo 3:12; Jeremías 1:8; Hechos 18:9-10). No estarían solos; Dios iba a estar a su lado. Y Él también nos da la misma garantía hoy en día.

Escuchemos las promesas de Dios:

- *"No te desampararé, ni te dejaré"*(Hebreos 13:5).
- *"He aquí yo estoy con vosotros todos los días, hasta el fin del mundo"*(Mateo 28:20).
- *"No temas, porque yo estoy contigo…te ayudaré, siempre te sustentaré"*(Isaías 41:10).

Si Dios es por usted, ¿quién contra usted? (Romanos 8:31). Usted es más que vencedor por medio de Aquel que le amó; y usted puedes hacer todo en Cristo que le fortalece (Romanos 8:37; Filipenses 4:13). El maravilloso misionero, Hudson Taylor, dijo, "Todos los gigantes de Dios eran hombres débiles que hicieron grandes cosas para Dios, porque confiaban en que Él estaba con ellos".[6] Deje que la seguridad de que el Dios omnipotente siempre esté con usted y le dé valor para compartir con la gente lo que desesperadamente necesita oír.

## LO QUE SUELTA EL VALOR DEL CIELO

Al final de cada año escolar, yo solía tener un sevicio de grado para los de mi grupo de jóvenes que se graduaban de la secundaria. Una de las cosas especiales que hacíamos se llamaba el juego de "Mi momento más vergonzoso". Todos los que se iban a graduar me contaban sus historias unas semanas antes, y yo las convertía después en un juego hecho en PowerPoint; también, mezclaba tres historias ficticias con las verídicas. Desde tropezones hasta ruidos vergonzosos y golpearse contra una pared, todo proveía muchas risas; y se convertía en una parte favorita del evento.

Las situaciones vergonzosas son muy cómicas varios años después de que ocurrieron; pero al momento, no son tan chistosas. De hecho, si nos fuera posible, haríamos casi cualquier cosa para evitarlas. Es este mismo temor de parecer bobos que evita que muchos de nosotros testifiquemos. No queremos que las personas piensen que somos torpes, o que somos diferentes, o sentirnos rechazados, o lo peor, ser tachados del temible apodo "un fanático de Jesús".

Una de las mejores maneras de vencer el temor es a través de la oración. Cuando oramos, involucramos a nuestro Dios todopoderoso. Le damos una luz verde para soltar valor en nuestro corazón. ¡La oración es maravillosa!

Después que Pedro y Juan fueron liberados de la cárcel donde estaban por predicar el evangelio, un grupo de creyentes atemorizados se reunió y oró. Observemos lo que pidieron y cómo Dios les contestó:

> *"Y ahora, Señor, mira sus amenazas y concede a tus siervos que con todo denuedo hablen tu palabra...Cuando hubieron orado, el lugar en que estaban congregados tembló; y todos fueron llenos del Espíritu Santo, y hablaron con denuedo la palabra de Dios".* **(Hechos 4:29, 31)**

La oración es la llave que suelta el valor del cielo. La Biblia dice, *"Porque no nos ha dado Dios espíritu de cobardía, sino de poder, de amor y de dominio propio"*(2 Timoteo 1:7). Dios no puso ese temor en nuestro corazón, pero sí, quiere ayudarnos a enfrentarlo.

La oración nos humilla. Como los creyentes en Hechos, permita que sus temores le manden a arrodillarse. Permita que sus temores le lleven a una fe más profunda. Confíe en que Dios le dará lo que necesita, que le dará denuedo para vencer a ese Goliat del temor; y después, por fe, hacer lo que le infunde temor. ¡Testifique!

## PARACAIDISTAS DE BUNGEE JUMPING

Entonces, ¿qué es lo que nos asusta tanto? A fin de cuentas, es el temor de que alguien no nos acepte. Tememos el rechazo. Nos preocupa lo que alguien piense de nosotros. Una manera de conquistar ese temor es sentir más temor *por* ellos que *de* ellos.

En su libro, *Dare 2 Share (Atrévase a compartir)*, Greg Stier cuenta como su pastor de jóvenes le inspiró a alcanzar a los perdidos, cuando Greg tenía doce años. El pastor le envió a un centro comercial con la instrucción de sentarse en una banca y fijarse en las personas que pasaban frente a él. Debía imaginar que en sus frentes tuvieran un letrero que decía, "Rumbo al infierno". Dice que después de media hora, su vida fue cambiada por siempre. Al observar toda clase de personas caminando allí, e imaginándolas yendo a un infierno literal, se quebrantó su corazón. Pensar en ese destino puso "combustible en su tanque" y le dio una pasión de *querer* alcanzar a los perdidos. Todos necesitamos pararnos un momento y entender qué está en juego aquí. ¡La gente va rumbo al infierno! Testificar no es un pasatiempos o una distracción divertida; ¡es una misión de búsqueda y rescate!

Ray tiene estas palabras profundas para compartirnos:

> ¿A usted le gusta montar en una montaña rusa? Algunos cristianos quieren ensayar el paracaidismo o el salto de bungee jumping. Mayormente, esas personas disfrutan del temor y el fluir de adrenalina. ¡Eso es extraño, verdad! Arriesgamos la vida frente a la fascinación del temor—pero estamos tranquilos frente a dejar ir un pecador al infierno, porque tememos darle un tratado del evangelio. Ese temor que nos atormenta es muy real, pero su razón es irracional. Pregúntese ¿cuántos montones de piedras manchadas de sangre pueden encontrarse

donde los cristianos han sido apedreados y matados por predicar el evangelio? ¿Cuánta cantidad de tierra quemada puede encontrarse donde los cristianos han muerto en la hoguera? ¡Qué vergüenza! Tememos el rechazo. Tememos parecer insensatos. Es una forma sutil de orgullo.

Entonces, ¿cómo vencer eso? Lo podremos hacer reconociendo que el temor en el corazón es un barómetro de la verdad que tenemos en las manos. Dios no nos ha dado espíritu de temor, entonces es obvio desde dónde viene ese temor "atormentador". Esto es propaganda del enemigo. No tenemos lucha contra sangre y carne, sino contra la maldad espiritual (Efesios 6:12). El origen de nuestro temor no es desde dentro del corazón, sino de las huestes del infierno. Entonces, no le haga caso a ello. Sea sordo al susurro del enemigo y ciego a su voluntad. Fije sus pensamientos en el bien del pecador y la voluntad del Padre; permita que el amor triunfe sobre su temor.

Permita que el fuego del infierno derrita sus labios congelados. Permita que el pensamiento del lago de fuego le impulse por encima de toda inseguridad, orgullo y temor, para mandarle a salir por *"los caminos y por los vallados, y fuérzalos a entrar"* (Lucas 14:23).

## TIQUETES AL CIELO

Tengo que confesar algo. Antes, odiaba los tratados del evangelio, esos folletos anticuados, llenos de versículos de la Biblia. Pensaba que representaban lo peor del evangelismo. Al principio, había concluido que representaban una salida fácil para los temerosos que no se preocupaban si la gente se salvaba o no. ¡El choque ocurrió cuando entendí que Dios utiliza los tratados!

Según Billy Graham "Nada supera a un tratado para sembrar la semilla de las Buenas Nuevas". Cierto libro cristiano relata la historia verídica de un buzo que vio un pedazo de papel atrapado en la concha de una ostra. El hombre lo recogió, vio que era un tratado del evangelio, y dijo, "No puedo resistir más. Su misericordia es tan grande que Él ha causado que Su Palabra me persiguiera hasta el fondo del océano". Dios utilizó un tratado para salvar al hombre.

> "Testificar no es un pasatiempos ni una distracción divertida; ¡es una misión vital de búsqueda y rescate!"

Dios utilizó un tratado para salvar al gran misionero, Hudson Taylor, juntamente con innumerables otras personas. De hecho, Dios utilizó un tratado para alcanzarme a mí. Siendo hijo de padres judíos y de un padrastro musulmán, probablemente la primera vez que oí el evangelio fue a través de un tratado. Tenía como doce años, y lo encontré en una cabina telefónica cerca a un supermercado en Ft. Lauderdale (Florida). Fue la semilla que Dios usó para atraerme hacia Él. Cuando di mi primer sermón a la edad de dieciséis años, lo usé para predicar. Resultó ser un tratado de Living Waters, titulado "Algo en el cual pensar"; y ahora este tratado está colgado en la pared de mi oficina. Nunca subestime el poder de un tratado del evangelio. Estos en realidad son tiquetes que invitan a las personas al cielo. ¡Entonces, úselos con frecuencia!

Aquí hay algunas razones por qué los tratados son herramientas fantásticas para evangelizar:

- Son muy baratos.
- Pueden trabajar mientras dormimos.

- Nunca se atemorizan.
- No son tentados a comprometer su mensaje.
- No se cansan, no se desaniman y no se dan por vencidos.
- Se mantienen en el tema y no discuten.
- Pueden presentar el mensaje cuando no tenemos el tiempo para hacerlo.
- Pueden ser enviados por correo a lugares donde no podemos ir.
- Siempre alcanzan a las personas dispuestas, porque solamente hablan cuando son leídos.[7]

Oswald J. Smith dijo, "La única manera de cumplir la Gran Comisión será a través de la página impresa". Charles Spurgeon declaró, "Cuando no es posible tener predicación y conversación privada, necesita tener un tratado a la mano…consiga tratados atractivos, no hay otra opción. Pero un tratado llamativo puede ser la semilla para la vida eterna. Entonces, nunca salga sin sus tratados".

Me han dicho que la parte más difícil para pilotear un avión tiene que ver con los despegues y aterrizajes. Lo mismo pasa con el esfuerzo de iniciar una conversación para poder testificar. Cuando utilizamos tratados del evangelio, tenemos increíbles herramientas para romper el hielo y facilitar todo el proceso. Lo único que tiene que hacer es ofrecer un atractivo tratado a un desconocido, y, con una sonrisa amable, preguntarle, "Disculpe, ¿ya ha recibido uno de éstos?" Esta pregunta pica la curiosidad de las personas y las hace sentir que no han recibido algo que otra gente ya tiene. Felizmente responden, "¡Bueno, muchas gracias!" Verá que rara vez las personas rechazan la oferta. Escoja el tratado que estará regalando, después puede decir algo como, "Esta es una prueba de inteligencia, y usted se ve como una persona inteligente. En realidad, el dorso de la hoja comparte sobre Dios. ¿Es usted una persona espiritual?" Desde ahí, la conversación sigue su rumbo.

Los tratados son excelentes también para cuando no hay tiempo para conversar y dar su testimonio. Cuando está en la fila de un supermercado, siempre sonríale al cajero(a) en forma amistosa, y pregúntele cómo va su día. Dele tiempo para responder, si pregunta "¿Han estado muy ocupados?" Después de oír su respuesta y pagar su cuenta, con una sonrisa, pregúntele, "¿Alguna vez alguien le ha dado un millón de dólares?" mientras le entrega el tratado. "Es un regalo para usted. No lo gaste en un solo lugar". Probablemente su sonrisa pasará a la cara de la otra persona, y se lo agradecerá. Por ser amable (en realidad, demostrar ser un cristiano saludable), sonriendo y preguntándole sobre su día, ha construido un pequeño puente y una primera impresión favorable, que influirá en cómo acepta el divertido billete (tratado).

No se olvide de las personas detrás de usted en la fila. Como ellas también están observando todo, puede voltear y decir con su atractiva sonrisa, "Disculpen, no les quería ignorar, tengan". Y si hay una persona empacando sus cosas en las bolsas, a lo mejor querrá tener uno también, de modo que puede decir, "Un millón de gracias, hace un buen trabajo. ¡Aquí el suyo, y que tenga un bonito día!". Sé que todo esto le puede intimidar un poco, ¡pero lo puede hacer! Permita que el amor borre sus temores. Cambie sus pensamientos: no está en una fila para comprar comida, donde puede regalar un tratado; está en una fila de repartir tratados, donde puede a la vez comprar su comida. Busque lograr una nueva meta. Al hacerlo más veces, más rápidamente morirá el temor. Y al compartir más, notará que ya es más fácil.

## UN INCENTIVO DE MIL DÓLARES

Ahora le hago una pregunta desafiante: Si alguien le pagara $1000 dólares por cada persona a la cual testifique, ¿testificaría más? La mayoría de nosotros dedicaría días y noches alcanzando al número más grande que nos fuera posible. ¿Por qué? Por el amor al dinero. ¿Quién no perdería su temor frente a un billete de $1000 dólares? Pero si lo haríamos por dinero pero no por pensar en los millones que van rumbo al castigo eterno en el lago de fuego, ¿qué dice esto de nosotros?

Charles Spurgeon dijo, "No deseas la salvación de otros? Entonces tú mismo no eres salvo. Puedes estar seguro de ello".[8] ¿Quién sería capaz de ver un sótano encendido sin avisarles a los que duermen en los pisos de arriba?

"Si alguien le pagara $1000 dólares por cada persona a la cual testifique, ¿testificaría más?

Pablo sintió carga por la salvación de sus hermanos judíos, diciendo, *"Tengo gran tristeza y continuo dolor en mi corazón"*(Romanos 9:2). Su corazón estaba quebrantado por los perdidos, y así debe ser también nuestro corazón. Como Dios es amor, y Él vive dentro de nosotros, el clamor más desesperado de nuestro corazón debe pedir el valor de enfrentar nuestros temores para que los pecadores sean salvos.

## Palabras que reCONFORTan

Las gallinas son criaturas increíbles. Es fascinante mirarlas, (con la cresta roja de su cabeza y su forma única de caminar), sus sonidos son curiosos (como si chismosearan entre sí), y maravillosas al paladar. Además, ponen huevos, que durante la noche han convertido de un poco de trigo y de las sobras de su plato).

Acertadamente son llamadas "gallinas", porque realmente tipifican eso. Saltan al aire y graznan aterrorizadas si usted apenas entra en su gallinero (como si pensaran que las iba a coger, retorcerles el pescuezo, arrancar sus plumas, y comérselas). Si trata de alzar una, tiembla mientras yace en el piso.

Entonces, es apropiado tildarnos de "gallina", cuando tememos darle un tratado a alguien.

Es bíblico referirse a algunas personas como "animales". Jesús llamó "zorra" a Herodes (Lucas 12:32). Probablemente dijo eso porque él era astuto y taimado, no porque entraba en gallineros de noche para matar a las gallinas, aunque yo podría estar equivocado.

Si Dios le diera nombre de algún animal, ¿cuál piensa que escogería? ¿También sería gallina? Me gustaría que Dios me llamara alguna clase de perro, como una mezcla de Labrador y Bulldog: "Bullador". Es que el Labrador es muy fiel y obediente, y un Bulldog es muy tenaz cuando tiene algo apretado entre los dientes.

¿Qué tal que esté de acuerdo conmigo: ser un bullador? Sería fiel y obediente a su Dios, y mantendría firmemente la verdad del evangelio con la tenacidad de un Bulldog.

# GUÍA DE ESTUDIO

## PARA **COMENTAR:**

1. ¿Cuál fue su experiencia más vergonzosa?
2. ¿Cómo respondieron las personas a la tarea de la semana pasada? (No mencionamos sus nombres). Ahora, ¿están ambos jóvenes compartiendo su fe? Si todavía no, ¿por qué no, y cómo puede animarlos a hacerlo?
3. ¿Alguna vez, ha tenido que vencer algún temor muy grande? ¿Cuál fue? ¿Cómo lo venció?
4. Si Dios escribiera en las frentes de las personas hacia dónde van, ¿haría algo diferente con los que van "rumbo al infierno"? ¿Cómo actuaría?
5. De las maneras mencionadas en este capítulo para ayudarle a vencer sus temores, ¿cuál piensa que le sería de más ayuda? ¿Por qué?
6. ¿Cuáles son algunos de los grandes beneficios de usar tratados para evangelizar?
7. ¿Qué puede decir, mientras reparte tratados, para animar a las personas a recibirlos?

## PARA **ANALIZAR:**

Pase los siguientes tres minutos en silencio, mirando las fotos en su celular o en otro aparato móvil. Piense en estas amadas personas con el letrero, "Rumbo al infierno", si es cierto o no.

Al terminar este tiempo, comparta como se sintió. ¿Está más motivado para alcanzar a las personas? Cada persona que encontramos es padre o madre, hermano(a), niño(a) o amigo(a) de alguien. Sus seres queridos estarían devastados si se perdieran; pero hoy usted puede darles la respuesta, la vida eterna. Como hacían los primeros creyentes, tomemos un momento ahora mismo para orar, los unos por los otros, para tener valor. Considere poner una nota en su celular (o en una tarjeta) que dice, "Rumbo al infierno", para recordarle lo que significa y qué tan urgente es el asunto.

## PARA **INVESTIGAR:**

Lea el siguiente pasaje bíblico, y después comente su significado:

**1 Samuel 17:32-50**

1. ¿Qué le dio a David el valor para pelear contra Goliat? (Ver los versículos 34-37, 45-47).
2. ¿Qué es lo que le atemoriza más en cuanto a testificar? ¿Qué teme que puede pasar?
3. ¿Puede pensar en otras maneras de vencer su temor de testificar?
4. En una ocasión, Pablo enfrentó una persecución severa, y fue echado del área. (Ver Hechos 13:50-14:1). ¿Qué hizo después? ¿Qué podemos aprender de su ejemplo y aplicar a nuestras propias vidas?

## PARA **INTERIORIZAR:**

"Todo lo puedo en Cristo que me fortalece".

**(Filipenses 4:13)**

## PARA **VIVIR:**

Esta semana, tomaremos un importante primer paso para vencer el temor. Una clave para alcanzar a los perdidos es desarrollar el hábito correcto de ser bondadoso, no solamente con las personas que conoce, sino también con los desconocidos. La Escritura dice, *"Sed benignos unos con otros, misericordiosos"* (Efesios 4:32). Eso puede llamarse una pre-evangelización, porque demuestra el corazón de Dios *("Porque él es benigno para con los ingratos y malos", (Lucas 6:35).*

Haga dos cosas esta semana: 1) Sonría cada vez que hace contacto visual con alguien (al abrirle una puerta, pasarle en un pasillo, etc.); y 2) saludar a las personas que normalmente no lo piensa hacer, (como el cajero, la persona sentada a su lado mientras almuerzas etc.)

CAPÍTULO TRES

# El llamado a despertar

**Un RAYo de luz** Este capítulo trata el asunto fundamental de una conversión real y una falsa. Aquí se explica por qué tantas personas que toman una decisión para Cristo no llegan a ser seguidores totalmente consagrados. Las estadísticas que va a encontrar le van a causar un sentido de horror, pero también le ayudará a conectar los puntos sobre cosas que, sin duda, ha visto, pero sin entenderlas.

Llegué a ser seguidor de Jesús cuando tenía quince años. ¡Y al hacerlo, me convertí en una llama de fuego espiritual! No, no era asunto de prenderle fuego a la gente, sino que yo estaba prendido. Como vio en el último capítulo, testificaba fanáticamente. ¡Deseaba hablarles a todos de Jesús! Aprendí a testificarle a los desconocidos, compartía las buenas nuevas en todo lugar, todo el tiempo y a todo ser que tuviera vida.

Igual como hago actualmente, le testificaba a las personas en los parques, en las canchas de baloncesto, en la internet, en los centros comerciales, alrededor de los teatros de cines—

nombre cualquier lugar, allí llegaba yo. Dejé de estudiar en mi penúltimo grado de bachillerato (algo que después me dolió, y no recomiendo que otros lo hagan); y cuando me di cuenta de cuántas personas yo podría todavía alcanzar allí, decidí visitar el lugar más a menudo. Subía mi antiguo bus de transporte escolar y le testificaba a cuántas personas pudiera durante los quince minutos antes del timbre de las clases; después caminaba las dos millas de regreso a mi casa (no porque me gustaba el ejercicio, sino porque no tenía carro). Siendo joven, sentía un desespero de ganar a los perdidos; y en los últimos años, he llegado a ser aun más enérgico.

Cuando cumplí los diecinueve años, había guiado a Cristo a más de quinientos jóvenes, orando con cada uno individualmente la oración del pecador; y le había hablado a centenares, si no a miles, más. Si piensa que yo debía haberme sentido absolutamente feliz con ganar a tantos para el Señor, no fue así. De hecho, sentí todo lo contrario—me sentía desanimado más allá de poderlo describir, con el corazón totalmente quebrantado.

## NO TODOS LOS QUE "ACEPTAN A JESÚS" SON SALVOS

Aunque para los de mi iglesia, yo tenía la apariencia de ser un superestrella espiritual, sabía la realidad. Ocasionalmente, me encontraba con personas que yo había "guiado al Señor". Pero oía de parte de ellas palabrotas muy feas, el olor de sus cigarrillos no parecía ser de sustancia legal, y veía como besaba su novia del momento. Después, esas personas me sonreían al saludarme, diciendo, "¡Hola, hombre de Dios! ¿Cómo te va?" ¡En ellos, no se veía ningún cambio! *No se habían enamorado de Jesús.* No demostraban para nada, ninguna diferencia entre cuando había orado con ellos y después. ¡No había ninguna evidencia de salvación! Me sentía destrozado por dentro.

Cuando alguien realmente acepta a Jesús, no es que se une a una nueva religión; la persona "nace de nuevo". El Espíritu de Dios llega a vivir dentro, y la hace ser una nueva persona, con nuevos deseos. La Biblia dice, *"De modo que si alguno está en Cristo, nueva criatura es; las cosas viejas pasaron; he aquí todas son hechas nuevas"*(2 Corintios 5:17). Debe haber una transformación total en su vida, y esas personas no la tenían. A los diecinueve años, clamé a Dios con lágrimas, buscando una respuesta del por qué no hubo cambio en muchos de estos "convertidos". *¿Le había fallado a Dios? ¿Estaba haciendo algo malo? ¿O las cosas sencillamente salen así?* Empecé a estudiar la Biblia con fervor, a leer artículos sobre cómo testificar, y buscar las respuestas a muchas preguntas. La Biblia promete:

> *Si clamares a la inteligencia, y a la prudencia dieres tu voz; si como a la plata la buscares, y la escudriñares como a tesoros, entonces entenderás el temor de Jehová, y hallarás el conocimiento de Dios.* **(Proverbios 2:3-5)**

Y como siempre, Dios me contestó. Él cumplió Su Palabra, revelándome el deseo de mi corazón: el conocimiento de Él. Contestó la oración y me abrió los ojos a una olvidada llave que abre el corazón del inconverso. Aprendí esa crítica verdad a través de la grabación de un mensaje de enseñanza de Ray, titulado "El secreto más guardado del infierno"[9] Más adelante, mi entendimiento fue ampliado por su libro, *The Way of the Master (Los pasos del Maestro).* Estas enseñanzas explican la conversión verdadera y la falsa; y también, el propósito bíblico de la ley durante el proceso de la evangelización (ver el capítulo 5). Así, Dios prendió en mí el bombillo que iluminó lo que yo no había podido ver. Este capítulo y los que siguen se basan estrechamente en las lecciones bíblicas de las enseñanzas de Ray. Dios las usó para transformar mi vida; y espero que también pasará lo mismo con la suya.

En este libro, le voy a presentar esta llave; y mostrarle cómo, por la gracia de Dios, la puede usar para ganar a sus familiares, amigos, y desconocidos para Jesús.

## LA ATERRADORA REALIDAD

¿Alguna vez ha llevado a un amigo a la iglesia, donde pasó adelante al altar, pero dejó de asistir a la iglesia unos meses o semanas después? Si contesta afirmativamente, su experiencia no es única.

Según las estadísticas de las iglesias, un 80 a 90 por ciento de las personas que toman la decisión de seguir a Jesús vuelven atrás: le dan la espalda a Dios y dejan de asistir a la iglesia. ¡Esto es asombroso! ¿Sabe qué significa? De cada 100 personas que responden a una invitación al altar o que repiten la "oración del pecador", ¡80 a 90 se apartan de Jesús! Permítame compartir unos ejemplos:

- Una cruzada grande tuvo "600 decisiones para Cristo". Sin duda, todo el mundo estaba asombrado y gozoso. Sin embargo, noventa días después, los obreros de consolidación *no pudieron encontrar ni tan solo uno* que todavía estuviera siguiendo a Jesús.
- Una iglesia en Boulder, Colorado, envió un equipo misionero a Rusia, que logró tener 2.500 decisiones. El siguiente año, se encontró que solo 30 habían seguido en los caminos de Dios, apenas el 1.2 por ciento.
- Una denominación grande de los Estados Unidos. reportó más de 380.000 decisiones para Jesús en un solo

año; pero menos de 23.000 siguieron en la iglesia. Eso representa un 94 por ciento que volvió atrás.

- Una cruzada para las masas reportó que hubo 18.000 decisiones; pero según la revista *Church Growth,* un 94 por ciento no se molestó para unirse a una iglesia.
- En Leeds, England, un pastor americano que estaba visitando pudo conseguir 400 decisiones en una iglesia local. Seis semanas después, solo dos todavía estaban comprometidos; y eventualmente, aun ellos dejaron a Dios.[10]
- El clamor del corazón de cada creyente debe ser: "¿Qué es lo que ocurre realmente? ¿Por qué pasa esto? ¿Por qué la gente dice que busca a Jesús, pero después le dan la espalda? ¿Por qué?"

## JESÚS NO ES SU MANDADERO

¿Alguna vez se ha preguntado por qué tantos jóvenes que van a la iglesia viven exactamente el mismo estilo de vida como los que no van? Al igual que sus amigos inconversos, practican el sexo fuera del matrimonio, miran la pornografía, observan películas corrompidas, y mienten. ¿Por qué?

La razón por la cual muchos jóvenes (y también adultos) dicen que Jesús es su Señor, pero no lo siguen, es que son falsos. Son los que se llaman "convertidos falsos". Realmente, nunca han sido salvos, pero de todos modos se consideran ser cristianos. La palabra "convertirse" significa un cambio. Significa más que un sencillo cambio de religión; es un cambio total de corazón y vida, donde uno deja de ser el número uno, para dejar que Dios sea el número uno. Los convertidos falsos le dicen sí a Jesús con sus labios, pero le niegan con su estilo de vida (Mateo 15:8).

Jesús dice que en el Día de juicio, habrá muchos que piensan que son cristianos, pero que *no* entrarán al cielo.

> *No todo el que me dice: Señor, Señor, entrará en el reino de los cielos, sino el que hace la voluntad de mi Padre que está en los cielos. Muchos me dirán en aquel día: Señor, Señor, ¿no profetizamos en tu nombre, y en tu nombre echamos fuera demonios, y en tu nombre hicimos muchos milagros? Y entonces les declararé: Nunca os conocí; apartaos de mí, hacedores de maldad.* **(Mateo 7:21-23)**

¿Por qué el Señor los rechazará en el día de la ira de Dios? El pasaje nos lo dice: no hicieron la voluntad del Padre; eran malhechores no arrepentidos, que realmente nunca lo conocieron. Saber de Dios y conocer a Dios son dos cosas totalmente diferentes. Hay muchos que pretenden conocer a Dios, que se ven muy religiosos, que pueden tener un símbolo de pez en su mochila, un tatuaje en el cuerpo que dice "Jesús" y llevar una cruz al cuello; pero están lejos de Él. Aunque todo creyente lidia con el pecado, los cristianos falsos se distinguen por un estilo de vida pecaminoso. No tropiezan con el pecado; se sumergen en el pecado y lo viven.

La Biblia dice que si "nos arrepentimos" del pecado, Dios borrará nuestros pecados (Hechos 3:19). Por otro lado, si "no nos arrepentimos", Dios no nos perdonará; y terminaremos en el infierno. La palabra *"arrepentirse" significa cambiar de pensamiento, que resulta en un cambio de estilo de vida.* Es sentir dolor por sus pecados y decidir vivir para Dios. La salvación es mucho más que solamente repetir una oración; necesitamos arrepentirnos, que quiere decir acercarse *a* Dios; y como resultado, alejarse *del* pecado. Cuando confía en Jesús, deja de vivir según sus deseos pecaminosos, y hace una "U" en su camino. Deja de practicar el sexo fuera de matrimonio, deja de chismosear, empieza a honrar a sus padres, estudia la Biblia, etc. ¡Se ha enamorado de Dios! Eso no quiere decir que ya sea perfecto, pero que obviamente va en una dirección nueva. Jesús dijo que la salvación es como el hombre que encontró un tesoro escondido en un campo; y por el gozo, vende todo lo que tiene para comprar ese terreno (Mateo 13:44). Le da a Jesús todo lo que tiene y lo que es.

Los que son convertidos falsos se saltan un paso crítico para la salvación: el arrepentimiento. Pero vemos qué importancia tiene: Dios *"manda a todos los hombres en todo lugar, que se arrepientan"* (Hechos 17:30). Jesús dijo, *"Si no os arrepentís, todos pereceréis igualmente"* (Lucas 13:3). Sin el arrepentimiento, uno no puede ser salvo. La Biblia dice que sin la santidad, nadie verá al Señor (Hebreos 12:14). *"Si decimos que tenemos comunión con él, y andamos en tinieblas, mentimos, y no practicamos la verdad"*(1 Juan 1:6).

Siento terror por los que juegan con Dios. Ayudar en una actividad de lavar carros para su grupo de jóvenes puede ganarle puntos en la comunidad, pero no logrará puntos con Dios. Dios demanda el arrepentimiento.

## ¿POR QUÉ ALGUNOS NO SON FERVIENTES PARA CON DIOS?

Uno de mis amigos más allegados, Troy Szabo, murió trágicamente en un accidente de moto unos años atrás. Troy era uno de los testigos para Cristo más fervientes que he tenido el privilegio de conocer. Tenía una pasión increíble hacia Dios, y compasión por la gente. Una de las cosas más llamativas en cuanto a su partida era la visión que pasó a otras personas—en forma literal. Antes del accidente, había firmado un documento como donante de órganos. Cuando murió, quirúgicamente le removieron sus ojos; y después de una cirugía extensa, sirvieron para darle vista a una persona físicamente ciega. Me pareció una de las cosas más maravillosas que había oído. Troy utilizó su vida buscando hacer ver a los espiritualmente ciegos; y aún en su muerte, fue usado por Dios para darle vista incluso a otro más. Dios honró el amor que Su siervo fiel tenía hacia otros, cuando le permitió un último acto de servicio. El testimonio de Troy debe ser imitado por todos los cristianos cuando mueran: el de dar la vida para la visión de otros.

> "Cuando confía en Jesús, deja de vivir según sus deseos pecaminosos y hace una "U" en su camino".

La vida de Troy demostró el resultado normal de la salvación: produjo fruto. Jesús dijo, *"Yo soy la vid, vosotros los pámpanos; el que permanece en mí, y yo en él, éste lleva mucho fruto"*(Juan 15:5). Un manzano normal y saludable debe producir manzanas. Si no, está muerto. De la misma manera, el cristiano saludable debe crecer espiritualmente y dar fruto espiritual. Si alguien no produce fruto, y no solamente fruto sino "mucho fruto", la vida de Dios no está en él.

Si el Espíritu Santo vive dentro de una persona, éstos son algunos de los frutos que se verán:

> *El fruto del Espíritu es amor, gozo, paz, paciencia, benignidad, bondad, fe, mansedumbre, templanza.*
> **(Gálatas 5:22-23)**

Hay muchos frutos más mencionados en la Biblia, como el fruto de alabanza a Dios y el fruto de la justicia (Hebreos 13:15;

Filipenses 1:11). El fruto en la vida del creyente es tan normal como es la humedad al agua. Si un "creyente" no produce fruto, es probable que realmente no sea creyente. Escuchemos las palabras penetrantes y temibles de Juan el Bautista:

> *Al ver él que muchos de los fariseos y de los saduceos venían a su bautismo, les decía: ¡Generación de víboras! ¿Quién os enseñó a huir de la ira venidera? Haced, pues, frutos dignos de arrepentimiento... Y ya también el hacha está puesta a la raíz de los árboles; por tanto, todo árbol que no da buen fruto es cortado y echado en el fuego.* **(Mateo 3:7-8,10)**

La fe produce fruto. Una de las evidencias de un convertido falso es la falta de fruto. Jesús nos dice claramente, *"Por sus frutos los conoceréis"* (Mateo 7:20).

Por favor, no me mal entienda: la salvación no se gana por hacer buenas obras. Recordemos que en la cita de Mateo 7 arriba, Jesús ordenó apartarse de Él los que le llamaban "Señor" y que habían hecho muchas obras religiosas en Su nombre. Ellos pueden haber pensado que estaban haciendo buenas obras, pero su "fruto" religioso era podrido. La salvación es un regalo de Dios solamente por gracia por medio de la fe (Efesios 2:8-9); pero cuando la persona realmente es salva, su fruto ocurre naturalmente. *"Porque como el cuerpo sin espíritu está muerto, así también la fe sin obras está muerta"*(Santiago 2:26).

## LAS CUATRO CLASES DE PERSONAS

Una de las historias de Jesús más conocidas es la parábola del sembrador; y ella nos explica por qué muchas personas "invitan a Jesús a entrar en su corazón" (algo que la Biblia nunca nos instruye a hacer), pero que no le aman de verdad. Vamos a mirar la explicación de Jesús de esta parábola:

> *El sembrador es el que siembra la palabra. Y éstos son los de junto al camino: en quienes se siembra la palabra, pero después que la oyen, en seguida viene Satanás, y quita la palabra que se sembró en sus corazones. Éstos son asimismo los que fueron sembrados en pedregales: los que cuando han oído*
>
> *la palabra, al momento la reciben con gozo; pero no tienen raíz en sí, sino que son de corta duración, porque cuando viene la tribulación o la persecución por causa de la palabra, luego tropiezan. Éstos son los que fueron sembrados entre espinos: los que oyen la palabra, pero los afanes de este siglo, y el engaño de las riquezas, y las codicias de otras cosas, entran y ahogan la palabra, y se hace infructuosa. Y éstos son los que fueron sembrados en buena tierra: los que oyen la palabra y la reciben, y dan fruto a treinta, a sesenta, y a ciento por uno.*
> **(Marcos 4:14-20)**

Los cuatro tipos de tierra representan cuatro clases de personas. Tres no permanecieron por diferentes razones, pero la que representaba la buena tierra entendió el evangelio, recibió el perdón, y produjo fruto. Esta parábola nos recuerda que no todo aquel que llega a Dios tiene un corazón verdaderamente arrepentido.

La salvación involucra más que solamente una decisión emocional pasajera que rápidamente es olvidada. Es necesario un verdadero arrepentimiento y fe en Jesús (Hechos 20:21); un compromiso sincero de dedicarle la vida a Él, y de seguirle. Los que realmente son salvos aman a su Salvador, y su vida lo demuestra. No estamos diciendo que ellos nunca pecan después de ser salvos, pero Jesús es su Señor. En lugar de vivir para sí, ahora viven para Él, que significa hacer lo que Él dice.

La Biblia dice, *"Y en esto sabemos que nosotros le conocemos, si guardamos sus mandamientos"*(1 Juan 2:3). Si Jesús no es tu Señor, tampoco es tu Salvador.[11]

Los convertidos falsos no tienen ningún deseo de servir a Dios ni dejar de pecar; además, están totalmente despreocupados por los millones que van rumbo al infierno. ¿Por qué? Es porque no han nacido de nuevo. Puede que tuvieron alguna experiencia religiosa, pero no fue un renacimiento espiritual de Dios. La Biblia dice que los que han nacido de Dios no viven continuamente en el pecado (1 Juan 3:9). Repetimos, no es que nunca pecan, sino que están buscando a Dios y no viven esclavizados por el pecado. Si dentro de la persona, no hay una nueva naturaleza que busca vivir en santidad, probablemente no es salva.

Muchos falsos convertidos tienen una apariencia espiritual; pero en el día final, cuando Dios separe a los hombres según sus corazones, serán echados fuera. No habrá hipócritas en el cielo (Mateo 7:21; 23:13-15: 24:51).

Esta verdad bíblica explica por qué tantas personas que yo creía haber "guiado al Señor" no demostraron ningún cambio. Ahora, antes de buscar la solución, primero examinemos las causas detrás de las conversiones verdaderas y las falsas. En el próximo capítulo, estaremos echando una mirada honesta a una causa principal de la conversión falsa.

## Palabras que reCONFORTan

El mundo frecuentemente nos dice cosas, que en realidad, no son ciertas. Además, si seguimos sus consejos impíos, terminaremos confundidos. Una idea puede tener la apariencia de ser un buen consejo, pero al estar mezclada con los principios de este mundo, a menudo, es contraria a los principios de Dios.

Todavía otros consejos que recibimos son claramente necios e insensatos, cuyo fin será solamente una miseria, si no ahora en esta vida, ciertamente en la otra. El mundo nos dice que alguito de adulterio es saludable para el matrimonio; y también nos anima a participar en la pornografía, la fornicación y el homosexualismo. También, el mundo nos da malos consejos sobre el uso del alcohol y las drogas, cómo lidiar con los conflictos, y cómo criar a los hijos. Podemos saber que estas cosas son malas, porque la luz de la Palabra de Dios revela lo que son. Es así que debemos juzgar todas las cosas, probar todo asunto, y aferrarnos a lo que es bueno (1 Tesalonicenses 5:21).

Tenemos que ser diligentes en esto, especialmente con la tarea vital de la evangelización. Debemos examinar cuidadosamente los métodos modernos, y preguntarnos si son bíblicos. Al hacerlo, verás que han sido tergiversados, diluidos, y abandonados los principios bíblicos de cómo alcanzar a este mundo con el evangelio de Jesucristo. El fruto de este error ha sido endurecer los corazones de los pecadores y llenar a las iglesias con falsos convertidos.

Mientras lee este libro, no debe dar nada por sentado. Antes bien, examine cada concepto a la luz de la Palabra de Dios; y si lo que decimos no es bíblico, échelo fuera y a nosotros también.

# GUÍA DE ESTUDIO

## PARA COMENTAR:

1. ¿Cómo le fue con la tarea de la semana pasada de mostrar amabilidad a los desconocidos? ¿Cómo reaccionaron a su bondad?
2. ¿Por qué Allen se deprimió después de haber invitado a centenares de personas a "aceptar a Jesús"?
3. ¿Qué porcentaje de personas se echan para atrás en cuanto a su fe? ¿Cómo se siente frente a eso?
4. ¿Qué quiere decir "arrepentirse"?
5. ¿Qué es un "convertido falso"? Describa las diferencias entre un convertido falso y uno que es verdadero.
6. ¿Por qué algunos de los que dicen ser cristianos no entrarán en el cielo?

## PARA ANALIZAR:

Hemos compartido algunas verdades espirituales muy pesadas en este capítulo. En grupos de cuatro personas, consideren los siguientes puntos:

- ¿Conoce a alguien que parecía amar a Dios pero que ya no le sigue? ¿Esta persona ha indicado por qué ya no sigue a Cristo? ¿Por qué piensas que las personas se echan para atrás?
- Se ha dicho que "No entiendes algo a menos que lo puedas explicar en forma muy sencilla". En grupos de a dos,

una persona tomará el rol de un niño pre-escolar y la otra el rol de convencerle a seguir a Cristo en términos sencillos. Después, cambiarán roles.

## PARA **INVESTIGAR:**

Lea el siguiente pasaje bíblico y después hable de su significado:

**Mateo 25:31-46**

1. ¿Qué dice este pasaje que ocurrirá en el juicio?
2. ¿Por qué irán los cabritos al infierno?
3. ¿Este pasaje significa que somos salvos por hacer buenas obras? Si no, ¿cuál es la enseñanza? (Ver Efesios 2:8-10; Tito 3:5; Santiago 2:14-17)
4. ¿Qué fue lo que más le llamó la atención en este pasaje?

## PARA **INTERIORIZAR:**

*"El que no naciere de nuevo, no puede ver el reino de Dios"*

**Juan 3:3**

## PARA **VIVIR:**

Lea Hechos 19:18-20. El versículo 19 dice que "*Muchos de los que habían practicado la magia trajeron los libros y los quemaron*". Ellos cerraron la puerta a su pecado anterior.

Limpie la casa. La Biblia dice, "*Aborreced el mal, y amad el bien*" (Amós 5:15). Decida botar todas sus pertenencias pecaminosas. En el grupo, compartir una lista de cosas que muchos pueden tener, o haber tenido antes, que Dios no aprueba. Piense en la vida diaria del joven promedio: la ropa que lleva, lo que ve, lo que escucha, etc.

Haga una lista de las cosas que piensa botar cuando llegue a la casa, para hacer firme su arrepentimiento y compromiso de no echar para atrás y volver a practicar esas cosas pecaminosas. Después, comparta con alguien su testimonio de que Jesús es el Señor de su vida.

CAPÍTULO CUATRO

# Mi mayor error

**Un RAYo de luz:** ¿Por qué tantas personas se desilusionan y se echan para atrás en la vida cristiana? El resultado de la evangelización frecuentemente tiene que ver con el mensaje que hemos compartido. La honestidad de Allen sobre sus propios errores cuando testificaba es como una brisa de aire fresco que le ayudará a evitar repetir los mismos errores.

No crecí en una iglesia, de modo que cuando me convertí, no tenía mucho conocimiento sobre Dios o la Biblia. Cuando intentaba testificarles a mis amigos, de costumbre empezaba con frases como "¡Vas rumbo al infierno, pecador!" En esos primeros días, mayormente solo sabía usar dos palabras: "infierno" y "pecador". No era de sorprenderse que no me invitaran a muchas celebraciones de cumpleaños.

De hecho, recuerdo algo que pasó cuando tenía quince años. Lo que voy a relatar aquí realmente ocurrió. Vi a un muchacho conocido fumando al borde de la piscina de nuestro conjunto de apartamentos. Estaba con algunos amigos, pasando un rato de ocio. Cuando lo vi fumando, por supuesto que le dije que iba rumbo al infierno. Después, le ordené apagarlo, pero él contestó que no. Como resultado, me enojé, y le dije que si no apagaba su cigarrillo y se lo comía, le iba a tirar en la piscina. Yo creo que él pensaba que yo estaba bromeando, hasta el momento cuando sintió el viento en el cabello: le agarré por su cinturón y le tiré a la piscina como si fuera una palada de tierra. (¡Qué amor, verdad!) Estaba totalmente vestido y con los zapatos puestos. ¡Lo hice por la causa de llevarle a Jesús! Es extraño que él nunca me acompañara al grupo de jóvenes.

Pronto aprendí la forma popular de compartir el evangelio. Escuchaba con atención cómo los predicadores de la T.V. hacían sus llamados al altar, e intentaba imitarlos. El mensaje que oía de muchos famosos pastores de mega-iglesias era: "Dios te ama y tiene un maravilloso plan para tu vida. Si abres tu corazón a Jesús, Él te dará amor, gozo, paz y una eternidad en el cielo". Su mensaje no era lo del infierno que yo antes proclamaba; era más amable y no ofendía tanto a la gente. Yo entendí mis equivocaciones, e hice lo contrario; me uní a los demás para predicar el mensaje popular que había aprendido.

## UN MENSAJE EQUIVOCADO PUEDE ALEJAR A LAS PERSONAS DE DIOS

Compartí en el capítulo anterior que, después de guiar a más de quinientas personas a tener "fe" en Jesús, y al descubrir después que casi todas se habían apartado del camino, me sentí increíblemente frustrado y quebrantado. Deseaba pensar que la causa de la falta de algún cambio se debía a un corazón errado; pero la terrible verdad es que *mayormente, yo mismo tenía la culpa* por su falsa conversión. Ese era mi mayor error.

Un mensaje equivocado puede crear convertidos falsos.

Les había dado un motivo equivocado para llegar a Jesús. Les decía a los jóvenes que Dios tenía un plan maravilloso para sus vidas, les compartía del asombroso amor de Dios, y ofrecía orar con ellos para recibir a Jesús. Entonces, ellos decían, "Sí, claro, por qué no". Después, les dirigía en la "oración del pecador"; pero un serio problema existía ahí. Esas personas no tenían ningún remordimiento, ningún desespero, y nada de arrepentimiento por sus pecados. Y tampoco evidenciaban ni una pizca de gozo o de gratitud hacia Jesús por haber muerto en la cruz por ellos. ¿Por qué?

Esos jóvenes perdidos no estaban sedientos de ser perdonados, porque yo no les había mostrado qué tan desesperadamente necesitaban el perdón de sus pecados. Les prometía "una maravillosa vida" llena de amor; gozo y paz, y de paso, livianamente mencionaba el pecado diciendo, "todos han pecado y errado al blanco". Yo no estaba presentando a Jesús como el Salvador del alma, sino como el que podría mejorar sus vidas. Él no representaba una mano extendida para salvar al que se ahogaba, sino un mesero que ofrecía gratis un encime. La razón por la cual la mayoría de esas quinientas personas no demostraban tener ningún arrepentimiento genuino era porque yo no les había dado ningún motivo para arrepentirse. Como ellas tenían poco entendimiento de su pecado, tenían poca tristeza por ello; pero es la *"tristeza que es según Dios"* la que *"produce arrepentimiento para salvación"*(2 Corintios 7:11).

La duplicada tragedia es que les había dicho a los que iban rumbo al infierno, que por haber orado conmigo alguna oración mística ahora irían al cielo. Sin darme cuenta pasé de lado el mensaje bíblico y me enfoqué en la oración en vez de haberme enfocado en la respuesta correcta al evangelio: el arrepentimiento y la fe. Así les había engañado en la forma más cruel. Yo era muy sincero, apasionado y amoroso; pero sin darme cuenta que en realidad les estaba guiando *más lejos* de Dios. No tengo duda de que Dios soberanamente salvó a muchos con mi defectuosa presentación; pero el hecho real es que Dios ha diseñado un mensaje específico que quiere que compartamos, uno que hasta ese momento yo no había aprendido. En este libro, lo aprenderá. Entonces, le ruego mantenerse concentrado sobre lo que lea, y que aplique estas verdades a tu vida. Las cosas que está aprendiendo podrán salvar a incontables vidas.

## UN VUELO INOLVIDABLE

Permítame compartir, en mis propias palabras, una de las analogías inolvidables de Ray. Ella resume la esencia de lo que estamos considerando; entonces, por favor léala con cuidado.

Dos hombres están sentados en un avión. Al primer hombre, le entregan un paracaídas, y le instruyen ponérselo para que el vuelo le sea más divertido. Él piensa que eso no tiene sentido, pero como le fascina divertirse, decide probarlo. Al ponérselo, nota que es muy pesado y que le molesta para poder sentarse derecho. En poco tiempo, empieza a sentir vergüenza, y molesto por la incomodidad. Pero lo mantiene puesto, porque le dijeron que le iba a dar un mejor vuelo. Después de un rato, los demás pasajeros empiezan a mirarlo y a hacer chistes burlones. Se siente humillado. Se hunde más en el asiento, después desabrocha los cinturones del paracaídas y lo tira al piso. Se siente totalmente desilusionado y enojado, porque parece que le habían dicho una plena mentira.

El segundo hombre también recibe un paracaídas, pero le informan que en cualquier momento, tendrá que tirarse del avión a los 25.000 pies de altura. Está muy agradecido por poder ponérselo, de modo que no le presta atención al peso ni al hecho de no poder sentarse derecho. Lo único que piensa es en lo que le hubiera pasado si tuviera que saltar sin tener el paracaídas (¡desastre!)

Pensemos en la motivación y el resultado de la experiencia de cada hombre. El primero se puso el paracaídas para divertirse. Como resultado, recibió las burlas de los demás pasajeros, se sintió decepcionado, y estuvo listo para pegarle a la persona que le entregó el paracaídas. De ningún modo volvería a ponerse cosa semejante jamás.

La experiencia del segundo hombre fue totalmente diferente. Él se puso el paracaídas para salvar su vida. Su corazón estaba lleno de un profundo gozo y paz, porque sabía que estaría a salvo de una muerte segura. No le importaba lo que pensaran los demás pasajeros, y estaba agradecido con los que le habían mostrado cómo estar a salvo. Nada en el mundo le convencería de quitarse su paracaídas.

Ahora, escuchemos lo que dice el evangelio popular inventado por el hombre (el mismo que yo erróneamente había predicado antes). Dice, "Ponte el Señor Jesucristo. Él te dará amor, gozo, paz, satisfacción y felicidad duradera". En otras palabras, "Jesús hará el vuelo más divertido". El pecador decide hacer el experimento y probarlo. ¿Después, qué es lo que recibe? Recibe exactamente lo que Dios ha prometido: tentación, sufrimiento y persecución. Los demás pasajeros se burlan de él. Entonces, ¿qué hace? Abandona a Jesús. Se siente ofendido y amargado, y con razón. Le prometieron amor, gozo, paz, satisfacción y felicidad duradera; pero a cambio, solo recibió pruebas y humillación. Ahora, como él piensa que ha "probado a Jesús", y que "no funcionó", estará sordo al mensaje del evangelio. Termina peor que antes, y llega a ser otro renegado amargado.

En lugar de enseñar que Jesús mejora el vuelo, debemos advertirles a las personas que van a tener que saltar del avión, porque *"está establecido para los hombres que mueran una sola vez, y después de esto el juicio"* (Hebreos 9:27). Todos pasarán por la puerta de la muerte y enfrentarán una ley mucho más estricta que la ley de la gravedad. Y cuando un pecador entiende las horribles consecuencias de la rebelión contra Dios, con gran gratitud y agradecimiento se aferrará al Salvador para escapar de la ira venidera. Si amamos a Dios con todo nuestro ser, esto es lo que compartimos: que viene un gran juicio, y que Dios *"ahora manda a todos los hombres en todo lugar, que se arrepientan"*, (Hechos 17:30). ¿Por qué? Es porque *"ha establecido un día en el cual juzgará al mundo con justicia"*, (Hechos 17:31).

Vemos que no importa qué tan feliz esté un pecador, o qué tanto goce de *"los deleites temporales del pecado,"* (Hebreos 11:25). Si no está en paz con Dios, enfrentará la ira de Dios en el Día de juicio. *"No aprovecharán las riquezas en el día de la ira; mas la justicia librará de muerte"*, (Proverbios 11:4).

La paz y el gozo son maravillosos frutos de la salvación, pero no es correcto utilizar estos frutos como carnadas buscando atraer la gente a Jesús. Si hacemos esto, los pecadores responderán por un motivo equivocado y sin un arrepentimiento genuino de corazón. Y sin el arrepentimiento, no podrán ser salvos.

Si lee con cuidado el libro de los Hechos, notará que cada vez que se compartía el evangelio, la única razón dada a las personas para llegar a Cristo era para el perdón de pecados. Era para recibir *perdón,* no la felicidad.

## JESÚS VINO A RESCATARNOS, NO A ENTRETENERNOS

Hay un error fatal al decirles a las personas que si llegan a Jesús, recibirán una vida maravillosa, llena de lo mejor y de todo lo bueno. En realidad, *¡esto no es cierto!* ¿El círculo íntimo de los escogidos de Jesús disfrutaron el "plan maravilloso" de Dios? Seguramente que no, según nuestro criterio. Diez de los doce discípulos sufrieron muertes muy crueles por su fe. Tiempos difíciles y persecución son una parte dolorosa del plan total (2 Timoteo 3:12).

Piense en los creyentes a su alrededor. ¿Cómo están sus vidas? Posiblemente lo que compartiré aquí es semejante a su propia experiencia: en el último mes en mi iglesia, yo no llamaría estas cosas "maravillosas". Uno de los líderes de jóvenes, un muy querido amigo, murió de complicaciones de una cirugía en el cerebro; tenía veintidós años. Poco después, unos amigos de dos de nuestros jóvenes murieron en diferentes accidentes de tránsito. Una joven tiene un hermano de quince años que fue diagnosticado con cáncer y le dieron poco tiempo de vida. El ministro de alabanza resultó con sospechosos nódulos en su garganta que le impiden cantar. Al ministro de drama y artes, en sus años veinte, le encontraron tumores en los pulmones que exigieron varias cirugías. La lista sigue, y ¡eso fue solo en el último mes! Si les decimos a los inconversos que Dios les dará una "vida maravillosa", estamos engañándolos.

Si usted me dice, "Pero, Allan, ¡Jesús dijo que vino a darnos una vida abundante!", esto es absolutamente cierto, según Juan 10:10. Jesús ciertamente le da al creyente una "vida abundante", pero no siempre es placentera. Como Jesús, podemos descansar con perfecta paz durante las tormentas de la vida (Mateo 8:24-26). Tenemos la incomparable consolación

> "Jesús no murió para hacer su vida "chévere";¡Él murió para rescatarle de un infierno eterno!"

de saber que Dios siempre está con nosotros (Hebreos 13:5). Tenemos una esperanza que no se desvanece (Hebreos 6:19). Y eso es exactamente lo que Pablo recordaba cuando fue azotado repetidas veces, golpeado y sufrió naufragios (2 Corintios 11:23-31).

No le diga a la gente, "¡Dios te hará feliz, feliz, feliz!" Fuera de sonar extraño, es totalmente irreal. Jesús no murió para hacer su vida "chévere"; ¡Él murió para rescatarle de un infierno eterno!" Él derramó Su sangre sin pecado para reconciliarle con Dios. Dios no quiere una entusiasta porrista enérgica que busca atraer a las personas con promesas de una vida más feliz. Él quiere que estemos *"siguiendo la verdad en amor"*(Efesios 4:15).

Cuando Pablo le testificó a Félix, el gobernador, ¿qué le compartía? Siendo prisionero, ¿Pablo dijo que Dios le iba a bendecir con una vida fantástica, si solamente pidiera que Jesús entrara en su corazón (y de paso, liberar a Pablo de la cárcel)? Por supuesto que no. Pablo le mostró a Félix lo que Jesús dijo que el Espíritu Santo haría: convencer al mundo del pecado, de justicia y del juicio venidero. Y la Biblia dice que Félix se espantó (Juan 16:7-8; Hechos 24:24-25). Debemos seguir el ejemplo de Pablo y mostrar a las personas su verdadera necesidad de Jesús, y no hacerles promesas falsas de una mejor vida.

## COMO EVITAR SER VOMITADO DE LA BOCA DE DIOS

Basado en las estadísticas que hemos visto, hay una alta probabilidad de que no todos los de su grupo de jóvenes o iglesia sean verdaderamente salvos. Como creyentes, ¿qué debemos hacer en cuanto a los convertidos falsos que están a nuestro alrededor? Nuestra tarea no es la de buscar sacar a los falsos; de hecho, Jesús advierte que si se hiciera esto, se podrían también arriesgar a arrancar a algunos que son genuinos (Mateo 13:24-30).[12] Pero definitivamente debemos juzgar lo que le decimos a la gente para asegurarnos de no *producir* convertidos falsos por haberles dado un motivo equivocado para llegar a Jesús. Y debemos también examinar nuestras propias vidas.

Posiblemente después de leer este capítulo, se dé cuenta que aceptó a Jesús con un motivo equivocado, y que ese motivo nunca ha cambiado. Buscaba una vida más feliz, en lugar de buscar la misericordia de Dios por haber pecado contra Él. Puede ser que se crió en una iglesia, pero no tiene una verdadera pasión para Dios o Su Palabra; y no tiene ninguna carga por los millones que mueren y van al infierno. Si esto describe su vida, reflexione si es posible que no es salvo. La Biblia advierte, *"Examinaos a vosotros mismos si estáis en la fe* (2 Corintios 13:5). Una de las tragedias más grandes de los convertidos falsos es el orgullo ciego que los convence que van rumbo al cielo, cuando en realidad están completamente perdidos. Por favor, no permita que esto le vaya a pasar.

Por Su amor y preocupación, Jesús les dijo a los de Laodicea:

> *Yo conozco tus obras, que ni eres frío ni caliente. ¡Ojalá fueses frío o caliente! Pero por cuanto eres tibio, y no frío ni caliente, te vomitaré de mi boca. Porque tú dices: Yo soy rico, y me he enriquecido, y de ninguna cosa tengo necesidad; y sabes que tú eres un desventurado, miserable, pobre, ciego y desnudo. Por tanto, yo te aconsejo que de mí compres oro refinado en fuego, para que seas rico, y vestiduras blancas para vestirte, y que no se*

*descubra la vergüenza de tu desnudez; y unge tus ojos con colirio, para que veas. Yo reprendo y castigo a todos los que amo; sé, pues, celoso, y arrepiéntete.*
**(Apocalipsis 3:15-19)**

Si usted es tibio en cuanto a Dios, y solamente juega un papel, Jesús advierte que Él le vomitará de Su boca. Échele una mirada fija y honesta de su corazón. La Biblia dice, *"Dios resiste a los soberbios, y da gracia a los humildes"* (Santiago 4:6). Sea abierto y sincero delante de Dios ahora. ¿Es Dios realmente lo que es más importante en su vida? ¿Lo ama más que toda otra cosa?

Es mejor que se sienta incómodo al juzgarse ahora mismo, en lugar de esperar al Día de juicio, y Dios le juzgue. Si no está bien delante de Dios, tómese un tiempo ahora mismo para humillarse. Lleve su corazón y sus rodillas al piso, y confiesa sus pecados a Dios. Con todo su corazón, arrepiéntase de los actos malos, y escoja abandonar su vida pecaminosa. Si hace así, Dios en Su amor promete perdonar sus pecados y darle el regalo de la vida eterna (1 Juan 1:9; 4:10). Después, en gratitud por ser salvo de la ira de Dios, automáticamente se enamorará profundamente de Jesús.

## Palabras que reCONFORTan

Una de las revelaciones más grandes que podemos tener como cristianos, es que no hay ninguno que busque a Dios. Miremos un momento la palabra "ninguno". "Ninguno" quiere decir exactamente eso, nadie, sin excepción. Aquí está el versículo que le permite verlo por sí mismo, porque es importante: *"No hay quien entienda. No hay quien busque a Dios"* (Romanos 3:11).

Nadie entiende. Nadie busca a Dios. Ni usted ni yo cuando éramos niños y orábamos. Ni el joven que da su testimonio y dice que *siempre* ha amado a Dios. Nadie entiende y ninguno busca a Dios. La confusión viene cuando pensamos que entendimos la santidad de Dios, Su ira y la profundidad de nuestro pecado, cuando éramos niños. No entendimos.

Este conocimiento nos ayudará en nuestros esfuerzos evangelísticos. Nos ayudará entender por qué las personas no están corriendo para llenar las iglesias para escuchar la Palabra de Dios. La Biblia nos dice que los incrédulos aman la oscuridad y odian la luz; y que el que practica lo malo *"no viene a la luz para que sus obras no sean reprendidas"* (Juan 3:19-20). Este mundo pecaminoso desea buscar a Dios a la misma medida que un ladrón de bancos busca a un policía. En realidad, un policía sería la última persona con la que un ladrón (con los bolsillos llenos de dinero) se quiere encontrar. Y la última persona con la que un pecador, cargado con sus pecados predilectos, se quiere encontrar es Dios. Es como Adán, escondiéndose de Dios a causa de su culpa (Génesis 3:10).

La única manera de que un criminal oiga el mensaje de la vida eterna es si se lo llevamos. Ellos no nos buscarán. Tenemos que "buscar" y salvar lo que está perdido (Lucas 19:10). Tenemos que "ir" a todo el mundo y predicar el evangelio a toda criatura (Marcos 16:15), tal como Jesús nos mandó a hacer.

# GUÍA DE ESTUDIO

*Líder del grupo: Proveer suficientes tratados para que cada persona tenga diez.*

## PARA COMENTAR:

1. Allen tiró a un muchacho en una piscina. En su experiencia de testificar, ¿cuál ha sido la cosa más insensata que usted ha dicho o hecho?
2. ¿Por qué no debemos decirle a los pecadores que "Dios tiene un maravilloso plan para su vida"?
3. ¿Qué le motivó llegar a Cristo?
4. ¿Cuáles fueron los resultados de las experiencias de los dos pasajeros? Explique su respuesta.
5. ¿Qué debemos decirle a los otros pasajeros?
6. ¿Seguir a Jesús significa que todo será maravilloso? Si no es así, ¿qué significa seguirle a Él?

## PARA ANALIZAR:

En pequeños grupos, planear una pequeña actuación de una buena/ mala forma de testificar. Demostrar un buen modelo, seguido por un modelo muy equivocado (por ejemplo, la actuación de Allen de tirar alguien en una piscina). Pueden ocupar 10 minutos. El equipo con la mejor actuación gana un viaje a Hawaii a sus propias expensas.

## PARA **INVESTIGAR:**

Lea el siguiente pasaje bíblico, después comente su significado.

**Hechos 5:25-32**

1. ¿Cuál fue la razón que los apóstoles le dieron a las personas para creer en Cristo? (¿Prometieron bendiciones de parte de Dios, una vida feliz u otra cosa?)
2. ¿Por qué no hicieron lo que los líderes religiosos les ordenaron hacer? (Ver los versículos 28-29)
3. ¿Cómo habrían reaccionado el sumo sacerdote y los oficiales si los apóstoles hubieran dicho que Jesús les ofrecía una vida feliz, a la vez que ellos mismos estaban detenidos.
4. ¿Cuál es la motivación bíblica para que una persona acepte a Cristo? (Ver Hechos 17:30-31)

## PARA **INTERIORIZAR:**

"Así que, arrepentíos y convertíos, para que sean borrados vuestros pecados; para que vengan de la presencia del Señor tiempos de refrigerio".

**Hechos 3:19**

## PARA **VIVIR:**

Ahora es el momento de entrar en acción y compartir el evangelio. Como primer paso, esta semana vamos a dejar tratados del evangelio donde las personas los encontrarán. Recuerde, los tratados contienen el mensaje de vida eterna, entonces tome en serio esta tarea. Es bueno orar por los tratados que deje, que las personas los encuentren, los lean y que tomen a pecho el mensaje. Deje diez tratados en diferentes lugares (mesas de comidas, bancas, etc.)

CAPÍTULO CINCO

# Cómo despertar a los muertos vivientes

**Un RAYo de luz:** Hay una llave bíblica para la evangelización de los perdidos que se ha utilizado desde tiempos antiguos; pero que últimamente ha sido cambiada, torcida, y en algunos casos, aún perdida por la iglesia moderna. Es una llave que utilizaban Spurgeon, Wesley, Whitefield y otros grandes hombres de la fe. Próximamente, usted va a aprender "el secreto más guardado por el infierno".

Cierto joven se aburrió de su pequeño pueblo y sus humildes costumbres. Él deseaba algo sensacional; entonces, tan pronto como terminó la secundaria, se mudó a una ciudad grande. Un día, él pidió prestado un Mustang último modelo; y después de algunas bebidas, decidió visitar su pueblo natal e impresionar a sus antiguos amigos con el potente motor del carro. El muchacho cruzó el pueblo a 100 mph, con el claxon sonando y las llantas chirriando.

Los lugareños se espantaron. Nada semejante había pasado nunca en su pequeña y aislada comunidad. De hecho, dado que casi nadie tenía carro, no existía ninguna ley contra la velocidad excesiva. Entonces, en la opinión del Sr. Veloz y Furioso, no había roto ninguna ley.

De inmediato, el concilio del pueblo tuvo una reunión y pasó una nueva ley, que estipulaba la velocidad máxima allí sería de 30 millas por hora. Para alguien con afán, la multa sería $100 dólares por cada milla de velocidad por encima del límite, o su equivalente en tiempo en la cárcel.

En su siguiente viaje al pueblo, nuestro maníaco del Mustang decidió hacer la misma hazaña, manejando frente a varios avisos de límite de velocidad, sin prestarles atención alguna. Para su asombro, un oficial de la ley le paró y le culpó por la infracción de manejar a 70 mph por encima del límite de velocidad permitido.

Para su vergüenza, el joven se encontró en la sala de la corte frente, a su propio papá, el único juez del pueblo. Su papá no permitió que su lazo emocional con su hijo afectara la aplicación de la justicia, de modo que él impuso la sentencia establecida por la ley: una multa de $7.000 dólares, o su equivalente en tiempo en la cárcel. Como el muchacho no tenía ni dinero ni excusa, fue encarcelado.

Al día siguiente, el papá llegó a su celda, abrió la puerta, y le dijo a su hijo que podía salir libre. En estado de choque, el joven escuchó lo que su papá explicó calmadamente: que él mismo había conseguido los $7.000 dólares, al vender un número de apreciadas y valiosas posesiones de la familia.

Le fue difícil al hijo creer que su papá le amara hasta este extremo, especialmente a la luz de su culpabilidad. Se sintió tan conmovido que no pudo hablar, mientras lágrimas de gratitud llenaron sus ojos. Los dos se abrazaron como nunca lo habían hecho antes, llorando lágrimas de gozo. Salieron juntos, unidos en amor.

## "SEÑOR, DAME UNA SEÑAL"

¿Puedes ver lo que la ley hizo en la vida de nuestro amigo veloz? La ley no solo reveló su infracción, sino que también reveló la profundidad de su rebeldía. El sentido común le decía que hizo lo malo, pero la ley le demostró qué tan culpable era.

En capítulo anterior, confesé lo que me había dado mucha pena. Aunque yo deseaba hacer lo correcto, sin darme cuenta, había ganado toda una cantidad de falsos convertidos. Una de las maneras principales de producir conversiones falsas es la de darle a los pecadores un motivo equivocado para aceptar a Jesús. Yo no les había ayudado a ver su propio pecado y su desesperada necesidad del perdón de Dios; al contrario, les había prometido una vida maravillosa.

En este capítulo, vamos a mirar la llave bíblica y acertada para ganar a los perdidos. Es una llave que Jesús usaba (Marcos 10:17-22). Pedro siguió el camino del Maestro, haciendo lo mismo, como también hicieron Pablo, Esteban, Timoteo y Santiago (Hechos 2:23,38; Romanos 2:17-24; Hechos 7:53; 1 Timoteo 1:8-11; Santiago 2:8-11).[13] ¿Cuál es esta llave al corazón del incrédulo? Es la ley moral de Dios, los Diez mandamientos. La ley no fue dada solamente como reglas para la vida; fue dada para demostrarnos qué tanto necesitamos el perdón de Dios. (Romanos 3:20)

C.S. Lewis dijo, "El camino más seguro hacia el infierno es el que va gradualmente—una leve inclinación, una senda suave, sin curvas agudas, sin preavisos y sin ninguna señalización".[14] Usar los Diez mandamientos cuando testificamos es como si usáramos diez avisos para advertir del peligro adelante. Al mostrarnos nuestra culpabilidad (que hemos roto los mandamientos), la ley revela que el camino que transitamos lleva a la destrucción. A la vez, nos prepara para recibir con gozo las buenas noticias de otro camino. La ley pone las cosas en su perspectiva correcta.

## LA FUNCIÓN DE LA LEY DE DIOS EN LA EVANGELIZACIÓN

El Salmo 19:7 dice, *"La ley de Jehová es perfecta, que convierte el alma"*. La ley es el instrumento perfecto de Dios para conversiones verdaderas. Sin embargo, es asombroso que muchos en la iglesia ignoren su rol en la evangelización. Dios puede usar la ley, cuando es aplicada bíblicamente, para despertar a los muertos espiritualmente.

Marcos 10:17-22 habla del joven rico que vino a Jesús *"corriendo, e hincando la rodilla delante de él, le preguntó: Maestro bueno, ¿qué haré para heredar la vida eterna?"*La respuesta de Jesús puede sorprender a algunas personas: no le dijo que repitiera una oración corta o que se uniera a alguna iglesia. Para el hombre, Jesús puso las cosas en su perspectiva correcta, y le dijo acertadamente lo que necesitaba saber. Jesús dijo, *"¿Por qué me llamas bueno? Ninguno hay bueno, sino solo uno, Dios"* (v.18). Jesús corrigió su entendimiento sobre el significado de ser bueno, y después le señaló el estándar de Dios sobre lo bueno: los Diez mandamientos. Jesús repitió seis de los diez, y después le mostró al hombre que él amaba más a sus riquezas que a Dios (que violó el Primer y el Décimo Mandamiento). Jesús le mostró que él no era "bueno", sino que desesperadamente necesitaba el perdón de Dios.

Los Diez mandamientos cumplen muchas funciones dadas por Dios para llevar los perdidos a Cristo. Aquí hay algunas:

## 1. La ley es nuestra ayudante en el corazón del pecado.

> *"...mostrando la obra de la ley escrita en sus corazones, dando testimonio su consciencia, y acusándoles o defendiéndoles sus razonamientos.* **(Romanos 2:15)**

Todos tenemos una consciencia dada por Dios. "Consciencia" proviene de dos palabras básicas: "con" y "ciencia", o sea, conocimiento. Cuando pecamos, lo hacemos a sabiendas que hacemos mal. La ley está escrita en cada corazón, entonces, no hay necesidad de intentar convencer a las personas que son culpables de haber cometido pecado (cuando testificamos, esta es la parte más difícil). Al repasar los mandamientos, su propia consciencia les dice que han pecado, entonces podemos utilizar la ayuda de la ley. En la conversación, no se detenga en el área del intelecto, que es el lugar del argumento; sino pase adelante a la parte del conocimiento de lo bueno y lo malo, con la ayuda de la ley. La ley es la herramienta de Dios para darle sentido al evangelio.

## 2. La ley evita que podamos decir "Soy una buena persona".

> *Pero sabemos que todo lo que la ley dice, lo dice a los que están bajo la ley, para que toda boca se cierre y todo el mundo quede bajo el juicio de Dios.***(Romanos 3:19)**

La ley revela que somos culpables y sin excusa. La Biblia dice que eso calla la boca; hace que no podamos justificarnos, diciendo, "No soy una persona mala; hay mucha gente peor que yo". No puede excusarse diciendo, "Pero todos lo hacen". No importa si todos roban, cuando usted es el que es culpado. Cuando tiene diez cañones señalándole, no saque excusas; reconozca su pecado y ruegue misericordia.

## 3. La ley demuestra exactamente qué es el pecado.

Yo no conocí el pecado sino por la ley; porque tampoco conociera la codicia, si la ley no dijera: no codiciarás. **(Romanos 7:7)**

Pablo dice que él no sabía qué era el pecado hasta que la ley se lo mostró. Sencillamente, romper la ley es la definición de pecado. De acuerdo con la Biblia, *"...el pecado es infracción de la ley"* (1 Juan 3:4). Hoy en día, el mundo busca decirnos, "Si te sientes bien con lo que haces, entonces es correcto". La gente se porta como si ya no existieran estándares absolutos de lo bueno y lo malo; pero los Diez mandamientos de Dios son reglas morales eternas grabadas en piedra. Nos dicen claramente lo que es pecaminoso y malo.

## 4. La ley nos hace sentirnos extremadamente pecaminosos.

> *"...el pecado, para mostrarse pecado, produjo en mí la muerte por medio de lo que es bueno, a fin de que por el mandamiento el pecado llegase a ser sobremanera pecaminoso".* **(Romanos 7:13)**

Sabemos que el pecado es malo, pero la ley nos demuestra qué tan malo es. Penetra nuestro corazón y nos fuerza a sentir el peso de nuestra culpa. Muchas personas conceden en que "me he equivocado" o que "no soy perfecta"; pero mayormente no están muy preocupadas por ello, sino que todavía se consideran como buena gente. Si un niño rompe una porcelana que le parece valer $10 dólares, no se sentirá mal; pero si llega a saber que su valor era de $10.000 dólares, se sentirá totalmente anonadado, y con razón. Y es así como actúa la ley: nos demuestra realmente qué tan horrendos son nuestros pecados a los ojos de un Dios santo; entonces así podremos apreciar el precio sumamente alto que Jesús pagó a nuestro favor en la cruz.

## 5. La ley lleva a la gente a Cristo.

> *De manera que la ley ha sido nuestro ayo, para llevarnos a Cristo, a fin de que fuésemos justificados por la fe".* **(Gálatas 3:24)**

La ley fue diseñada netamente con el propósito de mostrarnos nuestra necesidad de Cristo. Como un buen tutor o un talentoso entrenador de equipo, la ley nos enseña, nos revela nuestra pecaminosidad, y nuestra culpa. Es la única forma de hacernos sentir hambre de estar en paz con Dios, y de apreciar el amor que Él nos mostró en la cruz. La Biblia nos dice, *"Bienaventurados los que tienen hambre y sed de justicia, porque ellos serán saciados"*, (Mateo 5:6); y es el ardor de la ley de Dios que nos da sed para el agua de Jesús, Su perdón por el pecado.

Tal como la ley civil dejó sin palabras al joven infractor delante del juez, sin dinero para pagar su multa ni palabras para excusarse, de la misma manera la ley de Dios juzga al pecador como culpable, y sumamente necesitado de misericordia.

> "Es el ardor de la ley de Dios que nos da sed para el agua de Jesús, Su perdón por el pecado".

## AÚN LOS CIEGOS PUEDEN VER SU BRILLANTE LUZ

¡Es asombroso ver la ley en acción! Para muchas personas con quienes hablamos, es la primera vez que se les enciende una luz y que entienden lo que Jesús hizo a su favor.

Recuerdo una de las primeras veces que usé la ley para testificar. Cada domingo después de la iglesia, un grupo de amigos y yo salíamos a un parque grande en Ft. Lauderdale, para dar comida a las personas de la calle que se encontraban allí, y testificarles. Ese domingo, entre las personas que vimos estaban dos hombres en sus años cuarenta. Les regalamos unas hamburguesas con queso, y empezamos a hablar sobre la vida.

Al rato, nos comentaron cómo habían llegado a parar allí. Uno había sido millonario antes que las adicciones al alcohol y a la droga arruinaran su vida. El otro tenía una adicción al alcohol que había despedazado a su familia y a él, y le había dejado en la calle. Mientras empecé a compartirles, inmediatamente noté que ambos tenían mucha auto-justicia. Pensaban que eran lo suficientemente buenos como para poder entrar en el cielo, a pesar de "las pocas equivocaciones" que habían cometido. No se veían como pecadores, sino solamente como personas que se habían desviado un poco del camino, casi perfectos con algunas excepciones. Como la mayoría de las personas, necesitaban la ley para poner todo en su perspectiva correcta.

Dadas las circunstancias en las cuales ellos se encontraban, yo deseaba hacer mi presentación con mucho cuidado. Los tres nos sentamos juntos en el césped, y empecé dando mi testimonio. A veces, personalizar un mensaje ayuda a las personas identificarse con sus experiencias.

Empecé, "Yo también pensaba que era muy bueno. Por ejemplo, yo nunca había matado a nadie. Pero encontré que según los estándares de Dios, no era bueno en lo mínimo. Las cosas buenas que yo hacía eran lo que se esperaba de mí, pero también pecaba". Entonces, saqué la Biblia de mi mochila (lo que rara vez hago, para evitar una reacción negativa cuando primero conozco a la persona), y la abrí en Éxodo 20. Dije, "Esto es lo que me confronta: la ley de Dios, los Diez mandamientos. Si robara algo y me detuvieran, estaría en serios problemas, por haber roto una ley civil. De la misma manera, los Diez mandamientos son la ley moral de Dios, y Él juzgará nuestras acciones y pensamientos según ellos". Después procedí a comentar sobre algunos otros de los Diez mandamientos, explicando su significado y concediendo que, para mi vergüenza, los había violado. Mientras expuse mi corazón a la luz de la ley de Dios, mis oyentes en silencio estaban haciendo lo mismo en su corazón.

Empecé con el Primer Mandamiento, *"No tendrás dioses ajenos delante de mí"*, (Éxodo 20:3). Les dije que significaba que Dios debe siempre ser el primero en nuestras vidas; que nuestro amor hacia Él debe ser tan grande que nuestro amor hacia cualquier otra cosa pareciera odio. Confesé que durante la mayor parte de mi vida, Dios estaba muy lejos de ser el número uno. Cuidaba más lo que yo deseaba y lo que los demás pensaban de mí que mi relación con Dios.

Después seguí con el Segundo Mandamiento, *"No te harás imagen*, (Éxodo 20:4). Expliqué que esto no solo tenía que ver con figuras de madera o de piedra, sino también incluía formar nuestro propio punto de vista sobre cómo es Dios. Tendemos a crear un dios en nuestra mente que no juzga nuestros apetitos pecaminosos, pero es un dios que no existe. Admití que había tenido muchas creencias frente a un dios que me permitía actuar según mis propios gustos; conformé mis actos a una deidad imaginaria.

Después de repasar algunos mandamientos, expliqué que en el Día de juicio habría sido juzgado culpable delante de Dios, y habría terminado en el infierno, condenado porque lo merecía. Con una mirada de asombro y horror, uno de los hombres susurró, "Merezco ir al infierno". Tenía una expresión como si hubiera recibido un tiro y que estuviera casi en estado de choque. Proverbios 6:23 dice, *"Porque el mandamiento es lámpara, y la enseñanza es luz"*. Esto es exactamente lo que pasó: se prendió el bombillo. Posiblemente, por primera vez en su vida, entendió que no era "lo suficientemente bueno"; era culpable y en problemas frente a Dios.

La ley hizo su trabajo, y el hombre vio su necesidad del perdón de Dios. En este punto, hablé de Jesús, "Quien, mientras yo merecía el infierno, mostró cuánto amaba a los pecadores, tomando el castigo de nuestros pecados". Pude predicar el evangelio a dos hombres que estaban pendientes de cada palabra que pronunciaba. Dios hizo algo milagroso en las vidas de esos dos caballeros. Les ofrecí consejos prácticos de cómo salir de la vida en la calle, oré por ellos, y los encomendé a un vigilante del parque que era creyente. Sabía que él les ayudaría en sus siguientes pasos.

## LA FORMULA DIVINA QUE RESALTA EL AMOR DE DIOS

¿Viste lo que hizo la ley a favor de esos dos hombres? Ellos sabían que era malo mentir y robar, abusar del alcohol y destruir a sus familias; pero de repente, cayeron en cuenta qué tan malo era todo aquello. Es una cosa admitir que habían tomado malas decisiones y dañado a sus familias y a ellos mismos; pero ahora entendieron que habían pecado contra un Dios santo (su pecado era vertical). Habían violado la ley moral de Dios; y eran criminales culpables, merecedores de Su castigo. A través de la ley, sintieron el terrible peso de sus pecados; pero, por la cruz, sintieron el increíble acercamiento del amor de Dios. No se sintieron ofendidos; no se sintieron "juzgados".

Antes, estuvieron sumamente agradecidos que me preocupara al punto de querer compartirles la verdad.

¿Se puede imaginar cómo habrían reaccionado si les hubiera dicho, "Dios tiene un plan fantástico para su vida", en lugar de usar la ley? Pueden haberse sentido intrigados por el pensamiento, pero no habrían sentido ninguna urgencia de correr a Dios buscando Su perdón (por lo menos, no habrían sentido el fuego del infierno amenazándoles). No se habrían llenado de gozo al saber que Dios quería perdonar todos sus actos despreciables, porque sin la ley, no habrían entendido la gravedad de sus hechos. Cuando no usamos la ley para mostrar qué tan pecaminoso es el pecado, la muerte de Jesús a menudo solo parece un gesto lindo (o sin sentido). Recordemos que esos dos hombres pensaban que *merecían* ir al cielo, al igual que la mayoría de las personas.

Intentar explicar la cruz sin usar la ley es semejante a un agricultor que intentara sembrar su terreno sin utilizar un arado. Uno puede tirar las semillas sobre la tierra, pero casi nada crecería. Hay que primero romper la superficie dura del terreno, utilizando un arado; el arado es la ley, después se siembra el evangelio en la tierra fértil del corazón. La única manera de sentir el maravilloso alivio del perdón es haberse sentido avergonzado por sus pecados (2 Corintios 7:10-11). *Nunca apreciará el perdón hasta ver qué tan desesperadamente lo necesita.* La ley es la formula divina para resaltar el amor de Dios. La persona se enamora de Jesús.[15]

La Biblia dice, *"Por las obras de la ley ningún ser humano será justificado delante de él; porque por medio de la ley es el conocimiento del pecado"* (Romanos 3:20). Cuando usamos la ley al testificar, algunas personas lo pueden interpretar mal, y pensar que uno puede salvarse por guardar los mandamientos. Pero la razón por la cual usamos la ley no es eso, sino como una clase de espejo: no nos limpia, sino que nos demuestra que estamos manchados y necesitados del agua que nos puede limpiar. Ninguna cantidad de buenas obras puede borrar nuestros pecados; necesitamos la limpieza y perdón de Dios (Tito 3:5). *El perdón no puede ganarse por guardar los Diez mandamientos.* El perdón solo viene a través de la fe en Jesucristo (Efesios 2:8-9).

## Palabras que reCONFORTan

Un amigo y yo salimos corriendo de un banco con todas nuestras fuerzas. Esa energía se aumentó cuando oímos el sonido atemorizante de la sirena del carro de la policía, que se nos aproximaba.

Decidimos cambiar de rumbo y volteamos por un parque. Pero oímos una voz fuerte en un megáfono, que nos dio la orden de tirarnos al piso o arriesgarnos a recibir una bala. Ambos nos caímos al piso, y nos quedamos tiesos.

Momentos después, nos detuvieron, nos pusieron atrás en un carro de la patrulla y nos llevaron a la estación de policía. Allí, nos procesaron y nos interrogaron. Cuando me estaban sacando las huellas, un corpulento oficial me gruñó que no pusiera resistencia. Eso me molestó, entonces, con disgusto moví la mano un poco hacia la izquierda. Él detectó la resistencia, e inmediatamente me tiró al piso de la estación. Al caerme, me golpeé la cabeza contra la rodilla de mi amigo; y me quedé quieto bajo el dolor y el choque.

Menos mal que todo esto era solamente parte de un programa de televisión que Kirk Cameron y yo estábamos filmando como parte de una escena donde robábamos un banco. Estábamos concentrándonos en el tema de la culpa y cómo funciona la consciencia cuando violamos la ley de Dios.

Nuestro director/productor había instruido a los oficiales de la policía para hacer que la escena pareciera real; y ellos cumplieron eso al pie de la letra. Aunque era solamente una actuación, me pareció muy horrible esa experiencia. Cuando los oficiales nos detuvieron, fueron muy bruscos y nos causaron dolor físico. Me hizo desear que nunca en la vida yo haga nada malo para no tener que caer en las manos de la ley.

Pero para los pecadores culpables, mucho más terrorífico va a ser caer en las manos del Dios viviente (Hebreos 10:31).

Que el Señor permita que usted y yo siempre nos mantengamos en el camino angosto, a la vez que busquemos alcanzar a los que todavía están huyendo de Dios.

# GUÍA DE ESTUDIO

*Líder del grupo: proveer cinco tratados para cada persona.*

## PARA **COMENTAR:**

1. Para observar cómo se utiliza la ley al testificar, en el website LivingWaters.com/watch, puede observar una breve reseña de cómo testificar en la calle (hay una buena cantidad de ejemplos; puede utilizar la reseña más reciente si quiere). En grupo, podrán mostrarlo en un TV, o verlo juntos alrededor de un computador o portátil.

2. ¿Cómo le fue con la tarea de la semana pasada? ¿Tuvo algún problema con idear dónde dejar los diez tratados? ¿Cuáles fueron algunos de los mejores lugares en los que pensó?

3. ¿Qué hizo que el joven infractor entendiera la seriedad de su crimen?

4. Explique por qué la consciencia nos es de tanta ayuda cuando testificamos.

5. ¿Cuál función de la ley le parece más eficaz, cuando testificamos? ¿Por qué?

6. ¿Por qué la ley hace que el pecado sea *"sobremanera pecaminoso"*?(ver Romanos 7:13). ¿Cómo ayuda esto al perdido?

7. Cuando ayuda a las personas a ver que son culpables de haber roto la ley de Dios, y así, merecedoras del infierno, siempre existe la posibilidad de parecer ser crítico o insensible. ¿Cómo puede evitar esto?

## PARA **ANALIZAR:**

En grupos pequeños, hagan una actividad llamada: "Esto se aplica al caso de.." A continuación, hay una lista de los puntos principales de este capítulo. Primero, llene los espacios, y después, piense en un ejemplo de la vida diaria para cada uno. Explique cómo la ley, cualquier ley, no necesariamente los Diez mandamientos, demuestra este principio en acción. Por ejemplo, al decir "Esto se aplica al caso de una persona que roba en una tienda, suena la alarma cuando quiere salir, y le detiene el vigilante. Ella sabía que hizo lo malo, pero no lo entiende plenamente hasta este momento". Como equipo, utilizen su creatividad. Pueden ocupar diez minutos. Después, alguien de su equipo podrá compartir sus respuestas con todo el grupo.

1. La ley es nuestro ______en el corazón del pecador.
2. La ley __________que nosotros digamos "Soy una buena persona".
3. La ley__________ realmente qué es el pecado.
4. La ley __________hace que el pecado sea sobremanera pecaminoso.
5. La ley__________ la gente a Cristo.

## PARA **INVESTIGAR:**

Lea el siguiente pasaje bíblico, y después explique su significado:

**Romanos 2:11-13; 21-24.**

1. ¿Cómo utilizó Pablo la ley para dar entendimiento del pecado a los judíos?
2. ¿Cuál de los Diez mandamientos utilizó Pablo?
3. ¿Qué utilizará Dios como Su estándar de juicio (versículo 12)? (También Santiago 2:12).
4. ¿Cómo se aplica el versículo 13 a los falsos convertidos, que pueden estar sentados en sus iglesias escuchando sermones cada semana? (Comparar con Mateo 7:21-23).

## PARA **INTERIORIZAR:**

*De la manera que está establecido para los hombres que mueran una sola vez, y después de esto el juicio.*

**Hebreos 9:27**

## PARA **VIVIR:**

Es el momento de salir del barco y caminar sobre las aguas. Reparta cinco tratados esta semana. Esta vez, no podrá solamente dejarlos en diferentes partes, sino que personalmente los entregará a las personas. No permita que el temor le haga retroceder. Recuerde que Dios está con usted.

Con una sonrisa, puede decirle a alguien, "¿Ha recibido uno de estos?" y después entregárselo. Si la persona pregunta qué es, puede decirle sencillamente, "Es un regalo para usted. Lo puede leer después. Creo que le va a gustar".

CAPÍTULO SEIS

# La cruzada en la competencia de talentos de la secundaria

**Un RAYo de luz:** ¿Conoce los Diez mandamientos de memoria? La mayoría de las personas no los conoce, incluyendo a los cristianos. Pero después de leer este capítulo, los tendrá ya memorizados. Va a aprender una manera sencilla para grabarlos en su corazón y mente. Ahora, creo que la siguiente historia le animará.

Un día, un joven de nuestro equipo de visitación en la calle, mencionó de paso, que pensaba inscribirse en la competencia de talentos de su colegio de secundaria, y cantar una canción cristiana. ¡Le dije que me parecía una oportunidad increíble para predicar el evangelio!

Me pareció una oportunidad inigualable. ¡Pensar en alcanzar a los perdidos! Pero él no parecía estar tan animado con la idea como yo. Mas bien, demostró sentirse algo "mortificado". Pensar, a los dieciséis años, en predicar el evangelio en el auditorio de su colegio público de secundaria durante una competencia de talentos, que iba a estar atestado de profesores, padres de familia y un montón de sus compañeros de estudio, le intimidaba bastante. Le dije que si tenía demasiado miedo como para poder hacer esto, yo podría seguir con su micrófono, después de su canción. (Busqué no demostrar mi temor, que igualaba el suyo). No sé si fue el Espíritu Santo, o el espíritu competitivo masculino, pero él dijo, "No, no lo tendrás que hacer. Lo haré". Suspiré con alivio.

Después de más o menos un mes, llegó el gran día. El auditorio estaba totalmente lleno, con una audiencia de centenares de personas. El tiempo de mi amigo era en la mitad del programa de la noche. Durante las presentaciones de los otros, estábamos sentados sin casi decir palabra, demasiado nerviosos y ansiosos sobre la pequeña luz que él iba a dejar brillar. Finalmente, estuvo al frente. Cantó la mayor parte de la canción, después, mientras la música de fondo seguía, dejó de cantar y empezó a predicar el evangelio.

Asombrosamente, el director no hizo nada para bajarlo de la tarima, nadie lo maldijo, y ninguna bola de fuego de muerte le fue tirada de parte de esa muchedumbre. Todos escucharon en silencio. Después de predicar el evangelio, él pidió que los que seriamente deseaban vivir para Jesús se pusieran de pie. ¡No estoy bromeando cuando digo que alrededor de la cuarta parte de las personas en ese auditorio de segundaria se puso de pie! Entonces, él les guió en una oración. (Aunque hoy en día yo habría hecho algunas cosas diferentes, fue asombroso ver cómo Dios obró en los corazones de las personas en un lugar tan increíble como un colegio público).

No agaché la cabeza ni cerré los ojos; ¡tomé fotos! Quería guardar la evidencia que no estaba soñando. ¡Los jóvenes estaban levantando las manos y clamándole a Dios en medio de un programa de talentos, en una institución pública! Mi foto favorita es la de tres jovencitas que se habían sentado justo detrás de mí. Estaban de pie con las manos levantadas al cielo, aceptando al Señor. Una de ellas, casi llorando, tenía una cara de oración intensa. Yo miré alrededor del auditorio, en este lugar donde celebran bailes y los jóvenes del consejo estudiantil hacen sus debates, y pude ver docenas de jóvenes puestos de pie a favor del Hijo de Dios. Era pasmoso. ¡La competencia de talentos se había transformado en una cruzada evangelística! Fue una de las escenas más asombrosas que estos ojos jamás hayan visto.

Dios lo puede usar a usted también, *usted* que está leyendo este libro. Entiendo que suena como una amenaza para algunos lectores, pero en realidad es emocionante. Dios quiere usarle para ganar a los perdidos en su escuela, en el colegio, en el internet, en las calles y en todo lugar. Lo único que necesita es *decidir* tener una pasión para alcanzar a los pecadores; y cuidar de alcanzarlos de una manera bíblica, utilizando la ley para preparar los corazones para recibir las buenas noticias. Solamente necesita buscar a Dios en oración ferviente, y después con fe, salir, sabiendo que Dios le acompaña.

## DIEZ MANERAS INCREÍBLES PARA LLEVAR A ALGUIEN A JESÚS

El resumen de lo que hemos estudiado es: Para que una persona se emocione con las buenas nuevas de Jesús, primero necesita saber las malas noticias sobre sus pecados. Tiene que sentir el peso de su culpa, para entender la bendición de la cruz. ¿Qué es el pecado? La Biblia nos dice que, *"El pecado es infracción de la ley"*(1 Juan 3:4). En otras palabras, el pecado es violar la ley moral de Dios, los Diez mandamientos.

Cuando se utiliza la ley como un espejo para mostrarle a las personas sus inmundicias, les manda a los brazos del

Salvador para recibir Su limpieza. La ley conduce a la gente a Jesús, (Gálatas 3:24). Pero antes de poder utilizar los Diez mandamientos cuando testifique, tiene que conocerlos. Entonces, tomemos algo de tiempo para explorar a fondo cada una de las leyes morales. Por favor, dedique unos momentos de cada día esta semana para repasar este capítulo y memorizar las leyes. Los dibujos al final de este capítulo le ayudarán a grabar cada mandamiento en tu mente.

A continuación están enumerados los Diez mandamientos encontrados en Éxodo 20.

## 1. *"No tendrás dioses ajenos delante de mí"*, (versículo 3).

Este mandamiento nos dice que Dios debe ser el número uno en nuestras vidas. Recordemos que Jesús dijo que el mandamiento más grande es amar a Dios con todo nuestro corazón, nuestra alma, nuestra mente y todas nuestras fuerzas, (Marcos 12:30). Su amor para con Él debe ser tan grande que el amor que tiene para la familia parecería ser odio, en comparación. Muchas personas, a la vez que dicen que aman al Dios de la Biblia, hacen su propio dios de los placeres, las drogas o sus relaciones personales. Si quiere saber lo que realmente tiene el primer lugar en su corazón, examine qué es lo que más ocupa su tiempo, dinero y pensamientos. Las cosas que son nuestra prioridad revelan lo que más amamos.

## 2. *"No te harás imagen"* (versículo 4).

Este mandamiento no solo nos prohíbe hacer una figura física de Dios, sino también advierte contra la formación de nuestras propias ideas sobre cómo es Dios. Muchas personas demuestran que tienen un ídolo cuando dicen "Mi Dios es un Dios de amor. Él nunca mandaría a nadie al infierno". En realidad, eso es cierto: su dios no mandaría a nadie al infierno, porque ¡ese dios no existe! Es solo un invento de su imaginación. Dios no es una imagen hecha a nuestra semejanza; antes, nosotros mismos fuimos hechos a la imagen de Dios. La verdadera adoración no es como un "bufet de comida", donde uno selecciona y escoje "el Dios" preferido. Lo que creemos tiene que basarse en la Biblia, donde Él ha revelado la verdad sobre quien es. Dios nos amonesta que los idólatras no heredarán el reino de Dios (Gálatas 5:20-21).

## 3. *"No tomarás el nombre de Jehová tu Dios en vano"* (versículo 7).

Tomar el nombre de Dios en vano quiere decir usar Su precioso nombre como si fuera algo ordinario o sin importancia. Cuando se lastima el pie y grita, "¡Dios---!", está jurando usando el nombre del Dios que le dio la vida. ¿Ha oído la expresión tomada del inglés "omigod" o el texto "OMG" ("Oh my God / Dios mío)? Si usa esto ¿está clamando a Dios en una sincera oración o adoración, o solamente tratando Su nombre como una expresión cualquiera? La Biblia llama a esto "blasfemia". La Biblia nos advierte que *"no dará por inocente Jehová al que tomare su nombre en vano"*( Éxodo 20:7).

## 4. *"Acuérdate del día de reposo para santificarlo"*(versículo 8).

Dios creó la tierra en seis días y descansó en el séptimo. Él espera que nosotros sigamos Su ejemplo. Debemos trabajar seis días y después gozarnos de un día de descanso para refrescarnos (Éxodo 23:12). Utilice un día de los siete para relajarse y tener agradecimiento por todo lo que Él ha hecho.

## 5. *"Honra a tu padre y a tu madre"* (versículo 12).

Debemos respetar a nuestros padres, frente a ellos y también lejos de ellos. Debemos sacar la basura la primera vez que ellos nos lo pidan, no oponernos a sus palabras; y con amor agradecerles todo lo que han sacrificado en proveer para nuestras necesidades. Este es un mandamiento que incluye una promesa: *"...para que tus días se alarguen en la tierra..."*(Éxodo 20:12).

## 6. *"No matarás"* (versículo 13).

Dios no solo observa nuestras acciones, sino también los motivos del corazón. La Biblia dice, *"Todo aquel que aborrece a su hermano es homicida"*(1 Juan 3:15). Los actos de odio incluyen maldecir a alguien, chismosear y no perdonar. Jesús dijo, *"Cualquiera que se enoje contra su hermano, será culpable de juicio;...y cualquiera que le diga: Fatuo, quedará expuesto al infierno de fuego"*(Mateo 5:22).

## 7. *"No cometerás adulterio"* (versículo 14).

El adulterio no es solamente cuando uno es infiel a la persona con quien está casado. Jesús explica el significado de este mandamiento:

> *"Oísteis que fue dicho: No cometerás adulterio. Pero yo os digo que cualquiera que mira a una mujer para codiciarla, ya adulteró con ella en su corazón"* **(Mateo 5:27-28).**

¿Cuáles son los límites de esta ley? Jesús dijo que si uno mira a alguien con lujuria y deseos sexuales, ya ha cometido el adulterio en el corazón. A los ojos de nuestro Dios santo, *los pensamientos* lujuriosos ya violaron Sus límites. Es posible que pensemos que eso no es algo serio, pero para Dios es serio, y Él nos dice que los adúlteros no heredarán el reino de Dios (1 Corintios 6:9).

## 8. *"No hurtarás"* (versículo 15).

Robar incluye coger cosas como dulces del supermercado, o bocaditos de una tienda de café. Muchos jóvenes dicen que no han hecho esto; ¿pero alguna vez ha copiado algo con derechos reservados sin pagarlo? ¿Alguna vez ha sacado un poco de dinero del bolso de su mamá, o "prestado" algo de un amigo que realmente no pensaba devolver? Coger algo que no es suyo se llama robar; el valor es inmaterial. Los ladrones no entrarán en el reino de Dios (1 Corintios 6:10).

## 9. *"No hablarás contra tu prójimo falso testimonio"* (versículo 16).

Mentiritas, verdades a medias, y "mentiras blancas" son todas mentiras, y demuestran que estamos dispuestos a engañar. La Biblia dice, *"Todos los mentirosos tendrán su parte en el lago que arde con fuego y azufre, que es la muerte segunda"*(Apocalipsis 21:8). ¿Cuántas mentiras necesita decir para ser llamado un "mentiroso"? En este mismo sentido, ¿cuántos homicidios tiene que cometer para ser llamado un homicida? Uno solo. También leemos que *"Los labios mentirosos son abominación a Jehová"* (Proverbios 12:22).

## 10. *"No codiciarás"* (versículo 17).

El mandamiento prohíbe ser materialista, envidioso o tener avaricia. No debemos anhelar tener las cosas que otros tienen. Pablo dijo, *"Teniendo sustento y abrigo, estemos contentos con esto"*, (1 Timoteo 6:8). Debemos estar contentos cuando nuestras necesidades son suplidas, y no soñar constantemente con tener cosas más grandes y mejores. Fantasear emocionado sobre ser rico, tener una mejor casa o tener el carro más costoso puede ser peligroso. La Biblia dice, *"Porque raíz de todos los males es el amor al dinero,"* (1 Timoteo 6:10). Ningún avaro heredará el reino de Dios (Efesios 5:5).

## Palabras que reCONFORTan

Al leer de ese joven de dieciséis años, yo también estaba nervioso por él. No solo esto, sino que yo podía identificarme con su posición y el pensamiento terrorífico de estar frente a todos los compañeros del colegio y predicar el evangelio.

El temor paralizante es algo con el cual todos los cristianos tienen que lidiar si quieren ser eficaces para alcanzar a los perdidos. El temor apretará su corazón cada vez que le da un tratado a alguien; y molestará su corazón y alma cada vez que se lanza a compartir el evangelio con alguien. Pero hay ciertas cosas que usted y yo podemos hacer para librarnos de su poder.

Una de mis estrategias para enfrentar el temor es ponerlo en su perspectiva correcta. Es un principio que también utilizo a menudo en mi andar como cristiano. Por ejemplo, si me siento un poco enfermo después de ayunar una comida, digo dentro de mí, "Por lo menos, Dios no me está llamado a ayunar durante tres días". Eso me hace lograr suprimir una sola comida.

Usted puede hacer lo mismo con la evangelización. Si va a repartir tratados de evangelismo, y estás atemorizado, solo hay que decir dentro de sí, "Por lo menos, Dios no me pide levantarme a predicar el evangelio a mis compañeros". Pensar de esta manera, dar un solo tratado a una sola persona a la vez le parecerá algo más fácil.

Este principio pondrá sus temores en su perspectiva correcta.

Si le han pedido predicar a sus compañeros de estudio, solo tiene que decirse a sí mismo, "Por lo menos, Dios no me está pidiendo ayunar durante cuarenta días antes de predicarle a un millón de hombres musulmanes en La Meca". Ahora, entiende esta herramienta.

# GUÍA DE ESTUDIO

## PARA **COMENTAR:**

1. ¿Cómo le fue con la tarea de la semana pasada, pasando tratados a cinco personas? (¿No entregó todos los cinco a una sola persona, verdad?) ¿Recibió respuestas amables? ¿algún rechazo?

2. Cuando testifica, rara vez utilizará más que unos pocos mandamientos. ¿Cuáles e parecen más eficaces? ¿Por qué?

3. ¿Cuál ha sido la cosa que más temor le ha dado al testificar? (Si todavía no ha hecho mucho, tiene todavía seis capítulos más de este libro, y toda una vida por delante. Es un logro bastante grande la sola lectura de este libro).

4. Compartir el evangelio en una competencia de talentos es una idea bastante aterradora (solamente un poco menos aterrador que lanzarse de un avión sin paracaídas). ¿Cuáles son otras maneras que asustan pero que son eficaces para alcanzar a los perdidos?

5. ¿De qué maneras viola la gente el segundo mandamiento?

6. ¿Cómo explicó Jesús el significado del séptimo mandamiento, "No cometerás adulterio"? Intente comentarlo de memoria.

## PARA **ANALIZAR:**

En grupos de tres o cuatro personas cada uno, compare algunas maneras creativas para alcanzar a su comunidad o colegio con el evangelio. Después de diez minutos, pida que cada grupo comparta sus mejores ideas. (Posiblemente, como grupo, podrían llevar a cabo una de estas ideas).

## PARA **INVESTIGAR:**

Lea el siguiente pasaje bíblico, y después comente su significado:

**2 Samuel 12:1-14**

1. ¿Por qué piensa que Dios mandó a Natán a reprender a David? Seguramente David sabía que había hecho algo malo. ¿Por qué piensa que Dios lo consideró de tanta importancia que envió a alguien para confrontar a David sobre su pecado?
2. ¿Cuál de los Diez mandamientos violó David?
3. ¿Cómo afectó a David el mensaje de Natán?
4. Lea en el Salmo 51:1-4, la oración de arrepentimiento de David, después de este incidente. ¿En realidad, contra quién había pecado? En su oración, ¿qué más le llama la atención?

## PARA **INTERIORIZAR:**

*Porque, ¿qué aprovechará al hombre si ganare todo el mundo, y perdiere su alma?*

**Marcos 8:36**

## PARA **VIVIR:**

Vamos a volver a utilizar crayolas, como las que usábamos en el kínder. Fuimos creados con una orientación visual; nos es más fácil recordar las cosas que vemos que las que leemos u oímos. Entonces, para memorizar la ley de Dios, vamos a idear un icono para cada mandamiento. Puede usar las mismas ilustraciones como las de la siguiente página, o idear sus propias figuras, para ayudarse a recordar cada mandamiento. No se preocupe, no necesita ser un Picasso. Basta dibujar con lápiz figuritas simples. La semana entrante, tendremos un tiempo de compartir los dibujos en grupo.

Mientras memoriza las leyes, ¿por qué no le pide a algún amigo inconverso o miembro de la familia que le pregunte sobre los Diez mandamientos? Eso podría dar lugar a una buena conversación sobre el propósito de la ley, y el mensaje del evangelio.

# LOS DIEZ MANDAMIENTOS

(Utilice estas ilustraciones para ayudarse a memorizar los mandamientos. Al recordar el dibujo, recordará cada mandamiento).

**1. No tendrás dioses ajenos delante de Dios.** Dios debe ser el número uno.

**2. No te harás un ídolo.** No arrodillarse delante de nada sino solamente delante de Dios.

**3. No tomarás el nombre de Dios en vano.** No utilizar sus labios en forma que deshonra a Dios.

**4. Recordarás el día de reposo manteniéndolo santo.** No descuidar lo de Dios; reservar un día de los 7 para descansar.

**5. Honrará a tu padre y a tu madre.**

**6. No cometerás homicidio.**

**7. No cometerás adulterio.** El adulterio deja roto un corazón.

**8. No robarás.**

**9. No mentirás.**

**10. No codiciarás.** No desearás tener lo que tienen otros.

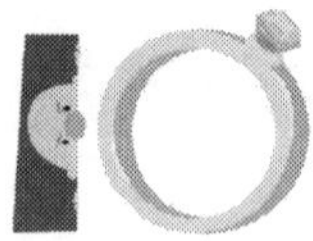

CAPÍTULO SIETE

# Los pasos del Maestro

**Un RAYo de luz:** El contenido de este capítulo puede ser la razón por la que compró este libro: presenta una manera bíblica y eficaz de compartir el evangelio como hacían Jesús y los discípulos. Va a aprender dos palabras que le darán la confianza y el conocimiento para poder compartir el evangelio en cualquier situación.

Hasta el momento, hemos compartido bastante sobre *por qué* utilizamos ciertas verdades al compartir el evangelio. En este capítulo, vamos a unirlo todo y darle una sencilla lección de *cómo* hacerlo. Llegamos a la mejor parte: cómo testificar.

Voy a darle dos palabras especiales que le ayudarán a testificar a cualquier persona, en cualquier lugar y en cualquier momento. Una será cómo compartir las noticias malas, y la otra, presentar las buenas nuevas. Si se esfuerza a grabarlas en su memoria, siempre sabrá cómo compartir su fe.

## TENGO BUENAS NUEVAS Y TAMBIÉN MALAS

Para ayudar a una persona a ver su necesidad de un Salvador, sencillamente hay que primero contarle las malas noticias. Para hacer esto, tenemos que usar la ley, nuestra herramienta de Dios, para hacer que la persona no se justifique. Explicamos claramente qué es el pecado, lo mostramos como sumamente pecaminoso, y después guiamos a la persona a Cristo (como explicamos en el Capítulo 5). *Si no hablamos del pecado, del Día de juicio y del infierno, es posible que la persona nunca apreciará las buenas nuevas del perdón en Jesucristo.*

Para parafrasear una de las analogías favoritas de Ray, imagínese que un muchacho le saluda en el colegio, y le dice, "Le tengo maravillosas *buenas nuevas*: alguien acaba de pagar su multa de $5.000 dólares". Probablemente, usted diría, "¿De qué está hablando? Esas no son buenas nuevas, porque no tiene sentido: No debo ninguna multa de $5.000 dólares. ¿Está deliriando?" Sus buenas nuevas parecen ser una locura. Además, es algo ofensivo porque le trata como si fuera un delincuente. Pero si esa persona fuera a decirle, "Mi papá es policía, y lo oí decir que hicieron una revisión de su casa y encontraron las tres docenas de plantas de marihuana que ha estado cultivando en su patio. Hay que pagar una multa de $5.000 dólares, o ir a un internado hasta cumplir los 18 años. La policía iba a llegar para detenerle, cuando un desconocido se involucró en su caso y pagó su multa".

¿Puede ver que si *primero* le dices a alguien exactamente el mal que ha cometido, las buenas nuevas ya tienen sentido? Entonces, antes de llegar delante de alguien exclamándole que Jesús ha pagado su deuda, hay que contarle primero las malas noticias. Ayúdale a ver su necesidad de un Salvador. Con amor y mansedumbre, muéstrele los Diez mandamientos, para revelarle su culpa, y *después* comparta del increíble amor que Dios nos demostró en la cruz.

El amor de Dios como es explicado en las Escrituras no es solamente un sentimiento emocionante que la gente debe "aceptar". El amor de Dios casi siempre está relacionado con la sangrienta cruz donde Jesús murió una muerte cruel; esto demostró la profundidad del amor de Dios (Juan 3:16; Romanos 5:8; Gálatas 2:20; Efesios 5:2; 1 Juan 4:10). No deje a la gente con el concepto de un Dios benevolente con barba. Señale la cruz donde el amor salió de las mismas venas de Jesús para pagar la deuda de los pecadores.

## EL COMIENZO

Para la mayoría de nosotros, la parte más difícil cuando testificamos no es hablar de Jesús, sino es saber cómo comenzar. Empezar una conversación que llevará a compartir su fe puede ser difícil, pero realmente es muy factible.

Recibí el siguiente correo electrónico de un joven frustrado:

> Solamente quiero involucrarme en alcanzar a los perdidos. Quiero ser un ejemplo para las personas y predicarles las buenas nuevas. No tengo dificultad en hablarle a la gente de Jesús. Solamente tengo problemas en cómo empezar la conversación y romper el hielo. Soy sumamente deficiente en cómo hacer esto. Solo ruego que Dios me ayude.

En Juan 4, Jesús nos da un perfecto ejemplo de cómo comenzar. Él estaba sentado al lado de un pozo cuando una mujer llegó para sacar agua, y sencillamente le pidió, "*Dame de beber*" (Juan 4:7). No atemorizó a la pobre señora, gritándole en la cara, "¿Te has lavado con mi sangre?" No, Jesús, con amabilidad, solo le pidió agua para beber. ¿Cómo comenzó la conversación? Primero, le habló de algo que ella podía entender: el agua. Después, enseguida, cambió la conversación para tocar el tema de Dios. Vemos este principio: *Empezar con lo natural y después pasar a lo espiritual.* Natán utilizó esto cuando habló con el rey David.

Recuerdo la primera vez cuando Kyla se unió a nuestro equipo de evangelización mientras fuimos hacia el área de los cines. En el camino, a cada rato diferentes personas se acercaban al grupo y decían, "¡Hola, Kyla!". En toda esa jornada, los jóvenes nos paraban para saludarla. Fue asombroso—¡parecía que todo el mundo la conocía! Finalmente, le pregunté, "¿Cómo llegaste a ser tan popular?" Movió los hombros, y con su amable sonrisa, dijo, "No lo sé. Solamente soy amistosa". Así ella nombró algo clave cuando uno testifica: ser amistoso.

La mejor manera de romper el hielo es ser amable. La próxima vez que esté en una clase, empiece su conversación con una sonrisa: "¿Cómo le va? ¿Qué hizo el fin de semana pasado?" Invite a alguien a su casa; y allí, ponga una canción cristiana. Después, pregúntele qué le pareció el mensaje, y después siga con su conversación. (Un amigo me hizo esto).

Puede mostrar un corto video evangelístico en su celular durante un refrigerio (tenemos muchos en el website LivingWaters.com, bajo el título "Featured Content" al pie de la página. Podría escoger "¿Eres una buena persona?" u otro video de nuestras salidas de evangelización). Puede visitar un centro comercial y utilizar un tratado creativo, (como el de un Millón de Dólares)[16] para empezar una conversación, y después añadir, "También habla de Dios al otro lado. ¿Eres una persona espiritual? ¿Alguna vez has pensado en qué hay después de la muerte?"

Romper el hielo puede darle miedo, pero ciertamente no es algo complicado. Es realmente fácil con una introducción apropiada. Puede empezar una conversación y después *crear* la oportunidad de hablar de lo espiritual. Alguien dijo una vez, "Los que ganan almas son como mosquitos: inventan camino".

## PASOS DE JESÚS AL DESTINO

Si ha repartido un tratado o empezado una conversación con alguien, llegará al momento de "la transición a lo espiritual". Podríamos hacernos una sigla de Pasos de Jesús al Destino, "PDJD". En los videos de Ray, él usa una sigla basada en el encuentro de Jesús con el joven rico de Marcos 10:17-22, donde Jesús corrigió su concepto de lo que significa ser "bueno"; y después le llevó a los Diez mandamientos (como vimos en el Capítulo 5).

"Alguien dijo una vez, "Los que ganan almas son como mosquitos: inventan camino".

Las letras PDJD sirven para explicar las malas noticias, después demostrarle a las personas por qué el evangelio representa buenas nuevas. Para muchos, este es el momento cuando se despiertan.

**P** – **¿Piensas** que eres una buena persona?

**D** – **Diez mandamientos:** ¿los has guardado?

**J** – **Juicio de Dios:** Si Dios te juzgará por los Diez mandamientos, ¿saldrías inocente o culpable?

**D** –**Destino:** ¿Piensas que irías al cielo o al infierno?

Estas sencillas preguntas le llevan desde mencionar a Dios hasta el corazón de su necesidad: ¿cómo están ellos delante de Dios? Después de comenzar con un tratado y mencionar a Dios, puede seguir con la pregunta, "¿Piensas que eres una buena persona?". Mayormente, esta pregunta es bien recibida, porque enfoca su tema favorito: ellos mismos. Las Escrituras dicen, *"Muchos hombres proclaman cada uno su propia bondad"*(Proverbios 20:6). Al igual que el joven rico, la mayoría piensa que está bien espiritualmente, y listos a proclamar su bondad. Pero después, usted sigue el camino del Maestro, y les pregunta si han cumplido la ley. Por ejemplo, puede decir, "Piensas que has guardado los Diez mandamientos?" Puedes mencionar algunos. "¿Alguna vez has dicho una mentira? ¿Has tomado en vano el nombre de Dios? ¿Has robado alguna cosa (el valor no figura)?"

Al hacer esto, las cosas cambian de perspectiva rápidamente. Realmente, no los está juzgando o despreciando, sino como hacía Cristo, los está ayudando a llegar a sus propias conclusiones (con la ayuda del Espíritu Santo, por supuesto). Recuerde, la ley está escrita en sus corazones, entonces su propia consciencia revela su culpabilidad. Después, ayúdeles a entender cómo impacta su vida el ser encontrado culpable delante de Dios. Guíelos a considerar si van rumbo al cielo o al infierno.

## EL MRS (BUENAS NUEVAS)

Vimos como la sigla PDJD ayuda a la gente a descubrir las malas noticias que todos somos culpables y necesitados del perdón de Dios. Aquí veremos otra sigla, "MRS", que proclama las maravillosas buenas nuevas, ¡que nuestra multa ha sido pagada y podemos ser perdonados! El primer diagnóstico fue de una enfermedad mortal, pero el segundo diagnóstico ofrece la cura que da vida. Como los médicos, tenemos la información especial que podemos usar para ver la salvación de este mundo enfermo y moribundo; y si tenemos compasión, es exactamente lo que tenemos que hacer.

Ya llegamos a la cumbre, la meta: ¡que podemos compartir del amor de Dios, de Su corazón hacia los pecadores, y que nos dio Su Hijo para salvarnos!

El evangelio no es solamente buenas nuevas en forma general, sino que son buenas nuevas *específicas*. El mensaje tiene ciertos puntos claves. La definición de las buenas nuevas se encuentra en 1 Corintios 15:1-8, un pasaje que muchos eruditos creen que la iglesia primitiva usaba como su credo.

> Además os declaro, hermanos, el evangelio que os he predicado, el cual también recibisteis, en el cual también perseveráis; ***por el cual asimismo, si retenéis la palabra que os he predicado, sois salvos, si no creísteis en vano.*** Porque primeramente os he enseñado lo que asimismo recibí: ***que Cristo murió por nuestros pecados,*** conforme a las Escrituras; y que fue sepultado, y que ***resucitó al tercer día,*** conforme a las Escrituras; y que apareció a Cefas, y después a los doce. Después apareció a más de quinientos hermanos a la vez, de los cuales muchos viven aún, y otros ya durmieron. Después apareció a Jacobo; después a todos los apóstoles; y al último de todos, como a un abortivo, me apareció a mí. (Énfasis añadido)

Al observar las frases subrayadas, las buenas nuevas de 1 Corintios 15 pueden recordarse por la sigla MRS.

**M –Murió:** Jesús murió por los pecadores

**R –Resucitó:** Jesús resucitó de los muertos

**S –Salvación:** Arrepentimiento + fe en Él = el perdón

Seguramente ha oído de la Gran Comisión que Jesús dio en Mateo 28:19: *"Id, y haced discípulos a todas las naciones"*,(Mateo 28:19), y también, *"Id por todo el mundo y predicad el evangelio a toda criatura"*, (Marcos 16:15); pero hay otro versículo sobre Su comisión que posiblemente ignora. Mateo y Marcos presentan las acciones que Jesús comisionó a Sus seguidores hacer; pero en Lucas, vemos el contenido de lo que Jesús les enviaba a decir:

> *Y les dijo: Éstas son las palabras que os hablé, estando aún con vosotros: que era necesario que se cumpliese todo lo que está escrito de mí en la ley de Moisés, en los profetas y en los salmos. Entonces les abrió el entendimiento, para que comprendiesen las Escrituras; y les dijo: Así está escrito, y* **así fue necesario que el Cristo padeciese, y resucitase de los muertos al tercer día; y que se predicase en su nombre el arrepentimiento y el perdón de pecados** *en todas las naciones, comenzando desde Jerusalén. Y vosotros sois testigos de estas cosas. He aquí, yo enviaré la promesa de mi Padre sobre vosotros; pero quedaos vosotros en la ciudad de Jerusalén, hasta que seáis investidos de poder desde lo alto.*(Lucas 24:44-49, énfasis añadido).

¿Observó las palabras enfatizadas? Son los mismos tres puntos que encontramos en 1 Corintios 15.

Si lee con cuidado el libro de Hechos sobre los mensajes de los apóstoles, verá también que cuando ellos predicaban el evangelio, siempre enfatizaban los mismos puntos. Dios demostró con claridad que el mensaje del evangelio es lo que Él quiere que compartamos. Tenemos que atesorarlo en el corazón, memorizarlo y prepararnos a compartirlo.

## EL MRS DE LA GRACIA

Tomemos un momento para examinar los tres puntos del MRS. No ocurren por casualidad. Dios le ha dado a cada elemento una función muy importante. A la medida que entendamos la parte que juega cada uno de estos tres puntos, mejor podemos compartirlos con otros.

**M – Muerte: Jesús murió por los pecadores.** La muerte de Jesucristo, en realidad, era una transacción legal. Significa que los criminales culpables no reciben lo que merecen, porque el Hijo de Dios, santo e inocente, al morir en la cruz, pagó el castigo que merecían los pecadores. 2 Corintios 5:21 dice, *"Al que no conoció pecado, por nosotros lo hizo pecado, para que nosotros fuésemos hechos justicia de Dios en él"*. No pueden existir mejores noticias que esto: *"Mas Dios muestra su amor para con nosotros, en que siendo aún pecadores, Cristo murió por nosotros"*, (Romanos 5:8). Para entender la profundidad del amor de Dios, solo necesitamos mirar la cruz. En la cruz, Jesús satisfizo la santidad de Dios, tomando la sentencia de muerte que pesaba sobre los pecadores y librándolos.

**R – Resurrección: Él resucitó de los muertos.** Cualquier hombre podría sufrir la muerte por una causa, pero ningún hombre podría volver de los muertos tres días después. Cuando Jesús fue sepultado, vemos que Él era totalmente humano, pero Su resurrección de los muertos demuestra que también era totalmente Dios. Los fundadores de todas las otras religiones quedaron muertos y enterrados en sus sepulturas; Uno solo vive hoy, después de vencer la muerte por siempre. ¿Cómo podemos estar seguros de esto? Dios nos dio abundancia de evidencias (veremos la explicación abajo).

**S – Salvación: Arrepentimiento + fe en Él = el perdón.** Nada puede ser más importante que explicar cómo recibir el perdón de Dios. Para aprender qué decir, tenemos que mirar a Jesús, el Evangelista por Excelencia. Su primer mensaje público escrito en la Biblia era *"Arrepentíos, y creed en el evangelio"*, (Marcos 1:15). Sus últimas palabras antes de su ascensión instruían a los discípulos a predicar *"...en su nombre el arrepentimiento y el perdón de pecados en todas las naciones"*, (Lucas 24:47). Desde el principio de Su ministerio terrenal hasta el final, Jesús explicó claramente cómo la gente debía responder a la asombrosa invitación de la vida eterna. Siguiendo Sus instrucciones, Pablo iba públicamente, de casa en casa, *"testificando a judíos y a gentiles acerca del arrepentimiento para con Dios, y de la fe en nuestro Señor Jesucristo"*, (Hechos 20:21). La fe y el arrepentimiento están incluidos como parte del mensaje de las Escrituras (1 Corintios 15:1-8; Lucas 24:44-49).

Las condiciones para recibir el perdón de Dios son:

> **Arrepentirse:** tener un cambio genuino de corazón y mente que resulta en un cambio en el comportamiento (Hechos 2:38; 3:19; 17:30)
>
> **Creer:** poner su fe y confianza en Jesucristo (1 Juan 11:25; Hechos 16:31; Romanos 10:9).

Nos manda a decirle a las personas que si deciden arrepentirse y creer, recibirán el regalo de Dios: el perdón de sus pecados (Lucas 24:47; Hechos 5:31; 10:43; 13:38).

Entonces, nuestro mensaje de salvación se ve así:

*Arrepentimiento + fe = perdón*

La palabra "arrepentirse", fuera de la iglesia, casi no se utiliza actualmente; entonces casi siempre yo doy una explicación de ella (lo verá en el próximo capítulo). El pecado no se perdona por asistir a una iglesia o por confesárselo a un sacerdote; solo se perdona por el arrepentimiento y la fe en Jesucristo.

Después que explica cómo ser salvo, si la persona está dispuesta a seguir a Cristo, tenga cuidado de también animarle a ser bautizada en agua. La Biblia dice, *"Arrepentíos, y bautícese cada uno de vosotros en el nombre de Jesucristo para perdón de los pecados"*, (Hechos 2:38). El bautismo en agua es algo que Dios instruye a cada creyente hacer. Cuando alguien se une a una pandilla, le dan un tatuaje para mostrarle al mundo a cuál grupo pertenece.

Cuando la persona se bautiza, ella proclama "Soy de Jesús". Demuestra su lealtad. El bautismo en agua no salva a nadie, porque el arrepentimiento y la fe cumplen eso; pero este paso demuestra su fe y obediencia.

Siempre invite a la gente a su iglesia, y dele un tratado evangelístico. El tratado suplirá lo que no pudo explicar o le recordará lo que le enseñó. Mantenga una cantidad de tratados en su billetera, bolso o mochila. Yo lleno mis bolsillos cada día.

Cuando está testificando y se pregunta qué quiere Dios que comparta, solamente tiene que recordar: primero las malas noticias, después las buenas nuevas; PDJD seguido por MRS. Este mensaje es lo que Pedro, Pablo y demás super-estrellas espirituales compartían al predicar. Dele a estas palabras un lugar de honor en su mente. Fácilmente llegan a la mente, pensando en seguir los pasos de Jesús con los PDJD y MRS: la ley y después la gracia.

## ¿DE DÓNDE VINO LA "ORACIÓN DEL PECADOR"?

Lo que llamamos la "oración del pecador" no se encuentra en la Biblia. Este método ideado por el hombre ha llegado a ser popular solamente hace poco. Personalmente, no me parece ser útil. No la uso. No estoy en contra de que alguien la use para guiar a otra persona en oración; pero no veo cómo puede ayudar. Si Dios hubiera querido que guiáramos a otros en una oración de salvación, para "sellar la transacción", ciertamente nos lo habría dicho. Antes bien, a través del Nuevo Testamento, vemos ejemplos de personas que compartían el evangelio de la salvación y llamaba a la gente al arrepentimiento y a la fe para el perdón de sus pecados. No hay ningún indicio de cierta oración. Tampoco está en la definición del evangelio o en la Gran Comisión. Los discípulos solamente le explicaban a la gente cómo ser salvos (arrepentimiento + fe = perdón), y le dejaban los resultados a Dios.

> "Si Dios hubiera querido que guiáramos a otros en una oración de salvación para "sellar la transacción", ciertamente nos lo habría dicho".

Pensemos en este ejemplo. Está casado y su esposa le fue infiel. ¿Le gustaría que otra persona la pusiera a repetir sus palabras de confesión? "Lo siento" y ella repite "Lo siento". "Nunca volveré a mirar a otro hombre..." etc. ¡Por supuesto, que no! Usted no busca palabras repetidas, sino lo que salga del corazón de ella. Quiere que las palabras fluyan de su arrepentimiento genuino y amor por usted. Bueno, lo mismo pasa con la salvación: Dios no se fija en las palabras, sino quiere oír el clamor de su corazón hacia Él.

Si no está de acuerdo conmigo, y le parece que debe guiar a las personas en una oración de salvación, está bien. No lo voy a discutir. Pero le doy una seria advertencia: *No reemplace los mandamientos de Dios con ninguna técnica ideada por el hombre.* Cuando el carcelero de Filipos dijo, *"Señores, ¿qué debo hacer para ser salvo?"* le contestaron, *"Cree en el Señor Jesucristo, y serás salvo",* (Hechos 16:31). No fue *instruido,* "Repita esta oración después de mí". Efesios 2:8 *no* dice, "Porque por gracia sois salvos por la *oración*".

Dice que la salvación es a través de *"la fe". Solamente* la fe y el arrepentimiento reciben el perdón de Dios, y ésto es lo debemos decirle a las personas.

Entonces, hay que cuidar de no reemplazar la fe y el arrepentimiento con una "oración del pecador". Muchos dejan de lado lo que Dios nos ordenó hacer, que era mostrarle a la gente *cómo* ser salvo; y en su lugar meten un método moderno de oración. Eso puede hacer que la gente crea que es salva porque "repitió una oración", en lugar de arrepentirse y poner su fe en Jesús. (Recuerde los convertidos falsos que tratamos en el Capítulo 3). Si quiere utilizar una oración, explique primero que somos puestos en relación correcta con Dios al decidir seguir a Jesús. Después, puede ofrecer orar con ellos. Algo que ocasionalmente Ray hace es orar *por* las personas; después, les da la oportunidad de orar con sus propias palabras, si ellas así lo desean.

## HERRAMIENTAS PODEROSAS

A la vez que los apóstoles predicaban el evangelio, ellos también explicaban que habían sido testigos oculares de la resurrección de Jesús de los muertos: y que Él cumplió las profecías mesiánicas hechas siglos antes de Su nacimiento (como vimos en los dos pasajes claves, 1 Corintios 15:1-8 y Lucas 24:44-49, y también los mensajes en todo el libro de Hechos). Son dos recursos poderosos y eficaces que usted también puede utilizar cuando testifique. Demuestran cómo los incrédulos pueden *saber* que lo que predicamos es la verdad: que Jesús realmente resucitó de los muertos y que solo Él es el Salvador que había sido profetizado.

**Jesús, después de Su resurrección, fue visto por testigos oculares.** El número de los testigos no era solo uno o dos, sino *centenares,* que comprobaban el hecho. La resurrección de Jesús de los muertos no era solo un cuento de hadas fabricado por mentes de hombres locos o engañados; era una historia comprobada. Los testigos estaban tan seguros que habían visto a

Jesús después de Su resurrección, que muchos padecieron después severas persecuciones; y algunos también murieron como mártires, no negándole para preservar la vida. Una persona no muere por algo que sabe que es una mentira; eso sería insensato. Realmente, ellos habían visto a Jesús de verdad.

¿Sabes que la palabra "mártir" viene del término griego que significa "testigo"? Ellos sufrieron el martirio (morir por decir la verdad) *porque* habían sido testigos del Cristo resucitado. Y eso no era solamente un vistazo, sino que Jesús les dio muchas *pruebas indubitables* mientras que Él caminó, habló y comió con ellos durante cuarenta días después de Su resurrección (Hechos 1:3). Ellos estaban seguros de lo que habían visto; y siguieron siendo Sus testigos fieles hasta el último suspiro.

Algunas religiones han surgido cuando algún individuo ha dicho que tuvo una visión o recibió un mensaje de un ángel; pero no hay manera de poder comprobar la veracidad de estos hechos. Se basan en supuestas experiencias personales y privadas, sin testigos para confirmar o negar lo dicho. Por otro lado, Dios obró para que centenares de personas vieran a Jesús después de Su resurrección, y le mostraran al mundo que Él realmente es el Hijo de Dios, que tiene poder sobre la vida y la muerte.

**Jesús llenó las profecías mesiánicas.** La profecía es la suprema prueba sobrenatural. Algunos pueden preguntar, "Con todas las religiones del mundo, ¿cómo sabes que Jesús es el único camino a Dios?" Solamente Jesús de Nazaret cumplió todas las antiguas profecías de las Sagradas Escrituras sobre el prometido Mesías (Cristo).

Siglos antes del nacimiento de Jesús, los profetas pronosticaron el lugar del nacimiento del Mesías (Miqueas 5:2), la línea de familia judía de la cual nacería (Génesis 49:10; Isaías

11:1), que Él iba a sufrir y morir por los pecados del mundo entre dos malhechores, y ser sepultado entre los ricos (Isaías 53:8-9, 12). Estos son solamente algunos ejemplos. Aún el libro de Daniel tiene una profecía, escrita quinientos años antes del nacimiento de Jesús, que pronosticó el preciso año cuando el Salvador iba a morir por los pecados del mundo (Daniel 9:20-27).[17] ¡Jesús murió precisamente en ese año!

¿Habría sido posible que Jesús, por coincidencia, hubiera podido llenar todas estas profecías? No, eso habría sido imposible. La probabilidad científica de que algún hombre habría podido cumplir aún solamente ocho de estas profecías sería 1 en $10^{17}$ (o sea, el número 1, seguido por 17 ceros).[18] Aquí, no hay ninguna coincidencia.

Jesús tampoco era solamente un buen maestro, como algunos sostienen. Él es el prometido Salvador del mundo. Las profecías comprueban que Jesús es el único camino al Padre. Las profecías cumplidas, presentadas a un judío con la mente abierta, pueden mostrarle que Jesús es su esperado Mesías. Para el musulmán, hindú, budista, ateísta u otra persona, estas verdades comprueban intelectualmente (sin fe), que Jesús es el único Hijo de Dios; y que solamente por medio de Él es posible recibir el perdón de Dios.

Las profecías representan una asombrosa prueba sobrenatural que puede contestar hasta las preguntas más difíciles. En las Escrituras, vemos que las personas llegaban a la fe en Cristo porque fueron convencidos a través de las profecías (Hechos 17:2-4; 17:11-12; 28:23-24). Esto es realmente una herramienta asombrosa que puede beneficiar grandemente a los perdidos.

## Palabras que reCONFORTan

La mayoría de las personas mantienen sus vidas privadas y con su propia gente, porque así es su preferencia. Si tenemos cuidado de los desconocidos y deseamos hacer la voluntad del que llamamos "Señor", los cristianos tenemos otra preferencia: *tenemos* que hablar con ellos. Queremos que el mundo sea salvo, de modo que nosotros tenemos que tomar el primer paso.

Usted sabe cuál es su meta, entonces busca dirigir la conversación hacia cumplir este fin. Aquí presentamos un encuentro típico que le puede ser de ayuda.

Una tarde, vi a tres jóvenes caminando por una acera. Con mis tratados en la mano, caminé hasta donde ellos y les pregunté, "¿Ustedes recibieron uno de estos?" Lógicamente, ellos contestaron, "¿Uno de qué?" Le entregué un tratado a cada uno de ellos, y dije, "Es un millón de dólares". Dos de los jóvenes se mostraron intrigados, mientras el tercero siguió adelante. En el bolsillo, yo tenía tres monedas (impresas con los Diez mandamientos y el evangelio), entonces dije, "Les tengo otro regalo". Con esto, el tercer joven regresó; y les entregué una moneda a cada uno, diciendo, "Aquí se ven los Diez mandamientos. ¿Alguno de ustedes tiene un trasfondo cristiano?"

Dos indicaron que no, de modo que les pregunté si se consideraban ser buenas personas. Asintieron, entonces hablamos de la ley y después, de la gracia. Les pregunté si en sus casas tenían una Biblia. Uno (con anillos en las orejas y en un labio), dijo que sí, mientras el que dijo ser cristiano no la tenía. Le pregunté sobre la validez de su conversión, y le dije que sus amigos podrían ver qué tan real era su fe, lo cual les dio risa.

Hablamos un poco más sobre las cosas de Dios, y ya pude llamarles por sus nombres: Cris, Miguel y Malcolm. Entonces, aquí eran tres jóvenes, que solo minutos antes me habían sido desconocidos, pero ahora compartieron conmigo como buenos amigos, sencillamente porque usé unas pocas estrategias fáciles para formar una amistad. Con práctica, usted podrá hacer lo mismo.

# GUÍA DE ESTUDIO

*El líder del grupo: proveer suficientes tarjetas de 3 x 5 pulgadas para dar dos a cada persona.*

## PARA COMENTAR:

1. Tiempo para compartir: Pedir que cada persona demuestre su obra de arte de los Diez mandamientos; y después, repetir los Diez mandamientos de memoria.
2. ¿Cómo empezó Jesús la conversación con la mujer que llegó al pozo? (Ver Juan 4:7). ¿Cuáles son algunas estrategias que podrías utilizar para romper el hielo?
3. ¿Qué debemos decirle a la gente antes de compartirles que su multa ha sido pagada? ¿Por qué?
4. Para ayudar a las personas a entender las malas noticias, ¿cuáles son las preguntas de los puntos de PDJD?
5. Bajo la sigla MRS, ¿cuáles son los tres puntos de las buenas nuevas? (Ver 1 Corintios 15:1-8).
6. ¿Cómo deben responder al evangelio las personas, para ser salvos? ¿Cómo es la ecuación?
7. ¿Qué piensa sobre las dos herramientas poderosas: testigos oculares, y las profecías mesiánicas? ¿Piensa utilizarlas cuando testifique? Dé la razón de su respuesta.

## PARA **ANALIZAR:**

Prepare tarjetas de 3 x 5 pulgadas para ayudarle a memorizar el PDJD y MRS (cuando los escribe, eso le ayuda a fijarlos en su memoria). Hágase una tarjeta para cada sigla. Por un lado, escriba la mayúscula de la palabra, y al dorso su significado. Tome algunos momentos de dos en dos, para repasarlos juntos.

## PARA **INVESTIGAR:**

Les el siguiente pasaje bíblico, y después comparta su significado:

**Hechos 10:30-48**

1. Identifique dónde mencionó Pedro cada uno de los puntos del evangelio.
2. ¿Qué dijo Pedro que era necesario para recibir la salvación?
3. ¿Qué dijo Pedro sobre los testigos? ¿Piensa que esto ayuda a apoyar el evangelio?
4. ¿Por qué Pedro dijo, "*De éste dan testimonio todos los profetas*" (versículo 43)?

   ¿Cómo le ayuda a la gente a creer el saber que Jesús cumplió las profecías?

## PARA **INTERIORIZAR:**

*"Más Dios demuestra su amor para con nosotros, en que siendo aún pecadores, Cristo murió por nosotros".*

**Romanos 5:8**

## PARA **VIVIR:**

Ahora que tiene todas las herramientas, es el momento de unirlas y empezar a practicar el mensaje. Entonces, esta semana, su tarea es testificarle a su gato o a su perro (si le responde, llame a sus padres). Asegúrese de utilizar los PDJD y MRS. Sí, realmente parece que no tiene sentido testificarle a su mascota, pero esto es bueno para la práctica y le ayuda a sentirse más relajado.

Puede sentirse incómodo mientras busca las palabras, pero no tire la toalla. Poco a poco lo logrará. Al seguir esforzándose (eventualmente con los humanos), llegará a ser más hábil, y será ya mucho más fácil.

En su celular, tome una foto de la siguiente página, para que fácilmente tenga la referencia a la mano en todo momento. Le ayudará a memorizar el mensaje dónde sea que esté, y puede consultar eso rápidamente cuando lo necesite al testificar.

# PDJD

1

MALAS NOTICIAS

**P** **¿Piensas** que eres una buena persona?

**D** **Diez mandamientos:** ¿Los has guardado?

**J** **Juicio:** Si Dios te juzgara por los Diez mandamientos, ¿Saldrías inocente o culpable?

**D** **Destino:** ¿Piensas que irías al cielo o al infierno?

# MRS

2

BUENAS NUEVAS

**M** **Murió:** Jesús murió por los pecadores

**R** **Resucitó:** Jesús resucitó de los muertos

**S** **Salvación:** Arrepentimiento + fe = el perdón

LOS PASOS DEL MAESTRO PARA JÓVENES

LIVINGWATERS.COM

CAPÍTULO OCHO

# El modelo para testificar

**Un RAYo de luz:** Ahora ya sabe *qué* decir, pero posiblemente hay una porción de la conversación que no se siente capaz de compartir. En las próximas páginas, verá una conversación modelo para saber exactamente *cómo* decirlo cuando testifique. Será algo a lo cual se puede referir para que tenga ideas de cómo compartir el evangelio en forma clara.

Vamos a imaginar un escenario: un amigo y usted han hablado durante varias semanas sobre alcanzar a los perdidos, y por fin hoy han logrado tener el valor para testificar en un centro comercial. Al caminar por la entrada, ven que hay algunos jóvenes. Con nervios, los miran de reojo y pasan por las puertas del lugar. Ahora sí están dentro de la sede principal de los incrédulos.

Después de unos minutos, ambos rechazan sus temores y con denuedo, llegan donde están sentados tres jóvenes en una banca. Usted dice, "Bueno, disculpen", y balbucea unas pocas palabras. Después de una pausa, dice "Queremos hablar con ustedes sobre...*Dios*". Ellos piensan que ustedes están despistados, y no les prestan atención. Ahora, ¿qué? Mira a su amigo esperando que diga algo, pero él actúa como si no supiera lo que usted quiere. ¿Qué puede decir? ¿Cómo puede compartir el mensaje más importante del universo, sin tener una apariencia extraña o asustar a la gente?

En el capítulo pasado, le dimos unos bosquejos poderosos para compartir las malas noticias (PDJD) y las buenas nuevas (MRS). Con estas palabras, puede saber cómo testificar eficazmente a cualquier persona, en cualquier lugar y en cualquier momento. En este capítulo, le vamos a dar un ejemplo de lo que podría decir. Verá en la siguiente conversación, algo básico, cómo utilizar las siglas en un escenario realista. Para ayudarle a ver estas herramientas en acción, las frases en el dialogo que tienen el PDJD y el MRS están en letra cursiva oscura.

## CÓMO ROMPER EL HIELO

Hay un montón de maneras de empezar una conversación; pero probablemente la más fácil es comenzar con algunos tratados interesantes y divertidos. Los llamamos "rompe-hielos". A continuación, le voy a dar un ejemplo de uno de mis tratados favoritos, el de Un Millón de Dólares (ver LivingWaters.com). Es un billete genial que demuestra cómo se vería un billete de un millón de dólares si el gobierno imprimiera uno. Al dorso, hay una clara presentación del evangelio. Muchas veces, la gente se ríe y demuestra interés cuando se le ofrece esto, porque es único. En realidad, ¿a quién no le gustaría tener un millón de dólares? Con frecuencia me encuentro con personas a las cuales les había entregado uno, y me dicen que todavía lo cargan en su billetera, lo tienen en su pared, o que lo han mostrado en su lugar de trabajo. De hecho, cuando los entrego en cantidad, las personas a menudo vuelven y me piden más.

(¡Perdone la larga explicación, pero realmente me fascina ese tratado!)

*Dos jóvenes están al lado de la entrada de un teatro de cine. He decidido vencer mis temores, saco mis billetes de Un Millón de Dólares, y ¡empiezo.*

(Les saludo con una sonrisa). "Hola, ¿me permiten una pregunta? ¿alguna vez alguien les ha entregado un millón de dólares?" (Les muestro los billetes).

Contestan con una sonrisa burlona, "No".

"¿No? Bueno, permítanme ser el primero. Es un regalo para ustedes." (Ellos reciben los billetes que les ofrezco).

"En realidad, el dorso habla de Dios. ¿Ustedes son personas espirituales?"

"Sí, un poco". (Si ellos dicen que no, igualmente respondo en forma positiva).

"Sí, entiendo. ¿Qué piensan acerca de lo que pasa después de que nosotros muramos?"

Uno contesta, "Pienso que hay cielo e infierno, y tal vez purgatorio".

Otras maneras que uno puede empezar, cuando no tenga un tratado, son:

- "Hola, estoy invitando a la gente a mi iglesia. ¿Asistes a alguna iglesia en el área? ¿Eres una persona espiritual? (Si la persona va a una iglesia de sana doctrina, no busque que vaya a la suya; sin embargo, comparta el evangelio de todos modos, porque la triste verdad es que mucha gente que asiste a una iglesia no es salva).

- "Hola, ¿cómo estás? Te tengo una pregunta interesante: ¿Qué piensas acerca de lo que ocurre cuando alguien muere? ¿Hay vida después de la muerte?"

Unas sugerencias:

- **No solo rompa el hielo, sino hágalo trizas:** Busque sonreír; su cara no sufrirá daño. Haga que la gente se sienta cómoda.
- **Sea genuino:** No está promoviendo a Jesús, está compartiendo con un nuevo amigo el asunto más importante de la vida, su eternidad.
- **Haga que su tono de voz suene amistoso:** Identifíquese con él o ella. Converce como le agrada que le hablen. Sea amable.

## PDJD (MALAS NOTICIAS)

***"¿Te consideras ser una buena persona?"***

"Si, en absoluto, soy una buena persona".

"¿Piensas que eres lo suficiente bueno como para ir al cielo?"

"Sí, me parece que sí".

"Hay una manera de saber con seguridad". ***(D) ¿Piensas que has guardado los Diez mandamientos?"***

"Más o menos".

"¿Alguna vez, has dicho una mentira?"

"Sí, una que otra".

"Entonces, ¿cómo se le llama a una persona que hace esto?" (Al preguntarle así, de manera suave y amable, le está ayudando a evaluar la seriedad de lo que ha hecho, sin señalarle con el dedo. Está ayudándole a verse en el espejo).

"Un pecador".

"Pero específicamente, ¿cómo me llamarías si yo dijera mentiras? (Una persona orgullosa a veces no quiere admitir su pecado. El pecado es como el mal aliento: fácil de detectar en otros pero no tan fácil en nosotros mismos. Ahora, se ha puesto en la posición desfavorable, para ayudarle a ver su verdadero reflejo).

"Un mentiroso".

"¿Alguna vez has robado algo? El valor no interesa".

"Sí".

"Eso, ¿qué te hace?"

"Un ladrón".

"Jesús dijo que '*Cualquiera que mira a una mujer para codiciarla, ya adulteró con ella en su corazón*'(Mateo 5:28). La lujuria es cuando uno tiene pensamientos pecaminosos o fantasías sexuales. Alguna vez, ¿has mirado cosas con pensamientos lujuriosos?"

"Claro, ¿y quién no?"

"Entonces, yo no te conozco, pero con base en lo que has dicho, eres un mentiroso, ladrón y adúltero en su corazón, y tendrás que enfrentar a un Dios santo en el Día del juicio. **(J) Si Dios te juzgara por los Diez mandamientos, ¿piensas que saldrías inocente o culpable?"**

"Culpable".

**(D) "¿Piensas que irías al cielo o al infierno?"**

(Si la persona contesta "culpable" pero todavía piensa que irá al cielo, consulte nuestra respuesta en el Capítulo 11 sobre "¿Cómo puede un Dios de amor enviar buenas personas al infierno?" Si la persona contesta que no cree en el infierno, suavemente responda que eso no interesa. Si alguien no cree en la gravedad y salta desde un edificio, igualmente morirá, no importa cuales son sus creencias. La "prisión" de Dios es un lugar muy real llamado infierno, y repetidas veces en la Biblia, Él nos ha advertido sobre esto. La veracidad de la Biblia puede comprobarse por el estudio de sus profecías sobrenaturales).

"Si Dios me juzgara de esta manera, pienso que iría al infierno".

"¿Eso te preocupa?"

"Un poco".

"Realmente debería preocuparte. Me da horror a mí. Déjame preguntarte esto: si algún cirujano rico fuera a ofrecerte un millón de dólares para comprar uno de tus ojos, ¿lo venderías? La cirugía sería sin dolor y le daría un ojo de vidrio igual al otro. Únicamente, que éste no podría *ver* como el otro".

"No, nunca vendería uno de mis ojos por un millón de dólares".

"¿Qué tal si él subiera el precio, diciéndote que compraría el otro ojo, dándote diez millones de dólares por los dos? Por el resto de tu vida, podrías hacer todo lo que quisieras. ¿Venderías ambos ojos?"

"Jamás. ¡Estaría ciego! No vendería mis ojos por ninguna suma de dinero".

"Ni yo tampoco. Tus ojos son de incalculable valor, pero solamente son las ventanas de tu alma. ¿De cuánto más valor es tu alma, que mira a través de ellos? Jesús dijo, *"¿Qué aprovechará al hombre, si ganare todo el mundo, y perdiera su alma? ¿O qué recompensa dará el hombre por su alma?*

"(Mateo 16:26). Si no venderías tus ojos por nada en el mundo, entonces por favor juegues con tu alma. Después de que tus ojos sean comidos por los gusanos, tu existencia continuará por siempre, o en el cielo o en el infierno. Asegura tu posición delante de Dios. No hay nada que sea más importante.

### Unas sugerencias

- **No debe suavizar la verdad:** Las personas son culpables. Utilice amablemente la ley para ayudarles ver eso. Recuerde, ellos tienen que primero entender las malas noticias para que las buenas nuevas tengan sentido. Tenemos que ver que nuestros pecados son sumamente pecaminosos, para que veamos qué tan asombrosa es la gracia.
- **No tenga un tono de condenación.** Es de ayuda decir, "Es por lo que ustedes dijeron, *y no porque les estoy juzgando,* que en el corazón son, adúlteros, mentirosos y ladrones..." Sea claro que no los condena. Ellos mismos confesaron ser culpables. Ellos te dijeron que eran ladrones, etc. Usted sencillamente está creyendo sus palabras.
- **Haga que sepan que *usted está preocupado por ellos* y que *es un asunto serio.*** El tono de su voz y la expresión de su cara comunican muchas cosas. Comunique su preocupación (que debe ser verdadera) y cuidado, no como solamente jugar un rol.

## MRS (BUENAS NUEVAS)

"¿Sabes lo que Dios te hizo, para que no tuvieras que ir al infierno?"

"No estoy seguro..."

"Dios hizo una manera de poder perdonar tus pecados. Es a través de Su Hijo, Jesucristo. Imagina el caso de ser declarado culpable de algún crimen serio. El juez le dice que la sentencia es la pena de muerte. Justo antes de sentarte en la silla eléctrica, otra persona entra, y toma tu lugar. Esto es lo que hizo Jesús por los pecadores hace más de 2.000 años. **(D)** ***Los pecadores rompieron la ley de Dios, y Jesús pagó su deuda cuando sufrió y murió en la cruz.*** La Biblia dice, '*Mas Dios muestra su amor para con nosotros, en que siendo aún pecadores, Cristo murió por nosotros",* (Romanos 5:8). Después que Jesús fue crucificado, fue sepultado, y tres días después ***resucitó de los muertos,*** venciendo la muerte. Centenares le vieron después de Su resurrección; no es solo cuento de hadas. Jesús cumplió todas las numerosas profecías escritas en las Sagradas Escrituras sobre el Salvador prometido siglos antes de Su nacimiento. Dios hizo esto para que intelectualmente pudieras *saber* que Jesús es el único Hijo de Dios, y que solo Él puede perdonar nuestros pecados. Pero no es suficiente solamente saber esto".

"Dios hizo que Su perdón viniera por medio de la cruz, pero **(S)** ***para recibir Su perdón, tenemos que hacer dos cosas: arrepentirnos y creer.*** Arrepentirse significa tener un verdadero cambio de corazón y mente; hacer un giro en el camino cuando decides dejar de vivir para ti y en su lugar, vivir para Dios. Creer significa poner su fe en Jesús. Imagínese que está en un avión que se va a estrellar. La única manera de poder sobrevivir es ponerse el paracaídas que se encuentra debajo de su asiento, y saltar del avión. Ahora, voy a hacerle una pregunta insensata. ¿Decidiría recoger el paracaídas, abrazarlo con gozo, y después dejarlo, para saltar del avión sin él?"

"Por supuesto, que no".

"Exactamente. Te pondrías el paracaídas, y no lo volverías a soltar. Y esto es lo que debes hacer con Jesús. No solamente "creer" livianamente en Él, como hacen muchos, sino poner toda tu confianza en Él. Decida llegar a ser un verdadero seguidor de Jesús. Si haces esto, Dios promete perdonar tus pecados y limpiarlos como si nunca hubieras hecho esas cosas. Después, haz lo que un seguidor de Jesús hace: dejar el pecado, amar a las personas, comprar una Biblia, llegar a conocer a Dios, y mostrar tu gratitud obedeciendo Su mandato de bautizarte en agua tan pronto que puedas. Entiendo que acabo de decirte muchas cosas. ¿Te parece bien? ¿Tienes algunas preguntas que yo podría contestar?

"Sí, todo tiene sentido. No se me ocurren preguntas en este momento".

"¿Recuerdas las dos cosas que tienes que hacer para recibir el perdón de Dios?"

"Sí, dijiste que arrepentirme y tener fe en Jesús".

"Muy bien. ¡Lo captaste! Espero que pienses en todo esto, y antes de poner tu cabeza en la almohada esta noche, puedes ponerte en paz con Dios. ¿Alguna vez te han invitado a (la iglesia, grupo de jóvenes, etc.)?" (Le entrego una invitación a mi iglesia/grupo de jóvenes *y* un tratado).

"No".

"Este es el grupo de jóvenes de mi iglesia. Es un lugar maravilloso donde puedes aprender más sobre Dios. Es muy interesante y te edificará mucho. Realmente espero que puedas asistir este próximo miércoles".

## Unas sugerencias

- **Tenga los PDJD y MRS memorizados.** Si está lidiando con cómo recordar los puntos del mensaje, existe el peligro de actuar de manera fría como un robot. Para poder hablar desde el corazón, tiene que tener el mensaje bien memorizado.

- **Permita que su voz refleje su preocupación por las almas y también el gozo de la salvación y el amor de Dios.** ¿Está lleno de gratitud porque Jesús pagó su multa? Deje que estas emociones sean reflejadas en su voz y el gozo en sus ojos.
- **Invite a la persona a asistir a su iglesia o grupo de jóvenes.** Después de recibir a Cristo, la persona necesita involucrarse en una buena iglesia. Mucha gente no sabe a cuál iglesia asistir, o que exista algo llamado grupo de jóvenes. Necesitan su ayuda.

## Palabras que reCONFORTan

### SIETE PRINCIPIOS DE COMPETENCIA DEPORTIVA

**Siempre asista a las prácticas.** Para llegar a ser competente en cualquier deporte, hay que practicar. Se dice que la práctica lleva a la perfección. Tal vez no siempre, pero es cierto que la práctica produce mejoría. Una cosa que buscará mejorar es cómo compartir el mensaje de la vida eterna con personas que morirán. Entonces, practique lo que predica.

**Practique la auto-disciplina.** La meta en la mayoría de los deportes es ganar; pero hay una diferencia entre un deporte de equipo y la evangelización. Cuando evangeliza, está en una situación donde todos ganan. La única manera de perder sería no evangelizar. Entonces, no sea un perdedor. Establezca un estilo de vida de salir con otros y compartir su fe. Forme un equipo, después dedique un día para la salida a buscar a los perdidos.

**Escuche a su entrenador.** Su entrenador es quien le va a empujar, no como un capataz, sino como alguien que le acompañe, para que pueda hacer lo mejor para su equipo. Su entrenador es su consciencia. Ella le animará a estudiar, a comprometerle a ir y a compartir, a demostrar amor, a ser fiel y a vencer sus temores. No hacer nada por la salvación de otros seres humanos es permitirles ir al infierno. Su conciencia no le permitirá hacer esto.

**Lleve su uniforme con orgullo.** Su uniforme es su unión con otros creyentes. Usted buscará ser de un solo sentir con ellos en sus esfuerzos de alcanzar a los perdidos. Nunca tenga vergüenza de ser parte del equipo.

**Recuerde su meta:** Su meta es la salvación de los perdidos. Esta es la prioridad número uno. Pero también es importante recordar que la salvación es obra de Dios. Usted sencillamente siembras la semilla del evangelio; Dios da el crecimiento. Haga su parte fielmente, y con el tiempo, verá los resultados.

## Palabras que reCONFORTan

(Continuación)

La Biblia dice que una persona siembra y otra siega, pero que es Dios quien da el crecimiento.

**Siga el plan del juego.** Desarrolle una estrategia y manténgala. Hay que predicar a Cristo y Su crucifixión. No permita que el otro equipo mueva las metas, haciéndole discutir sobre cosas que no son esenciales.

**Demuestre amabilidad.** Se ha dicho que en el juego, sea que uno gane o que pierda, lo que vale es cómo juega. Al hablar con un incrédulo, no está buscando ganar un argumento, busca ganar a un alma. Puede hacerlo a través de un amor genuino y con un corazón humilde. Eso será evidente cuando busca amar a otros como se ama a sí mismo. Háblele a la gente como quiera que le hablen—con todo respeto. Al hacer esto, encontrará que algo maravilloso ocurrirá. Recibirá el mismo respeto que da, y significa que la persona estará dispuesta a escucharte. Así, habrá logrado su propósito.

# GUÍA DE ESTUDIO

## PARA **COMENTAR:**

1. ¿Cómo le fue con la tarea de la semana pasada de practicar el testificar? ¿Cómo reaccionó su mascota?
2. ¿Cómo puede ayudar a las personas ver su necesidad del perdón de Dios?
3. Para usted, ¿cuál es la parte más difícil en cuanto al testificar? (Por ejemplo, romper el hielo, hablar del pecado, etc.)
4. Cuando testifique, ¿cuáles son algunas cosas que la gente debe oír en su tono de voz?
5. Las "Palabras de Consuelo" de esta semana enumeraron algunos principios del deporte que pueden aplicarse a nuestras vidas espirituales. ¿Cuál le pareció más eficaz? ¿Por qué?
6. ¿Cuál es su preocupación principal cuando le testifica a un desconocido? ¿Le preocupa lo que va a decir o la reacción de la persona? Especifique su respuesta.

## PARA **ANALIZAR:**

Pensemos en el siguiente escenario que le ayudará a enfocar el corazón del mensaje: Si alguien se estuviera muriendo en sus brazos, y si tuviera solamente unos minutos para compartir el evangelio, ¿qué diría? Con un compañero de clase, practique la actividad (3 minutos), después cambien de rol (otro de los dos "muere").

## PARA INVESTIGAR:

Lea el siguiente pasaje de la Biblia, después comparta su significado:

**Hechos 2:22-41.**

1. Identifique cuándo Pedro utilizó cada parte del MRS en su mensaje.
2. Al igual a lo que hace un cirujano diestro, el mensaje de Pedro "penetró el corazón" de sus oyentes (versículo 37), y ellos querían saber cómo ser salvos. ¿Qué fue lo que les hizo sentir esa convicción?
3. ¿Por qué piensa que Pedro mencionó que ellos habían visto a Jesús después de Su resurrección de los muertos? (ver versículo 32)
4. ¿Qué tono de voz habría usado Pedro en los versículos 38-39: feliz, serio, liviano? Diferentes personas del grupo pueden leer los versículos en voz alta para expresar el tono de voz que él pudo haber utilizado.

## PARA INTERIORIZAR:

*"Oísteis que fue dicho: No cometerás adulterio. Pero yo os digo que cualquiera que mira a una mujer para codiciarla, ya adulteró con ella en su corazón".*

**Mateo 5:27-28**

## PARA VIVIR:

Es el momento de entrar corriendo dentro de un edificio en llamas. Esta semana, su tarea es testificarle a un desconocido. (Hágalo con el permiso de sus padres, durante el día, en un lugar seguro como su colegio durante un descanso, en un centro comercial o en un parque local).

¡Puede hacer todo en Cristo, que le fortalece! ¡Dios está con usted! ¡Lo puede hacer!

Escriba una descripción de cómo le fue (lo que salió bien, lo que no fue tan bueno, lo que aprendió para usar en el futuro, etc.)

CAPÍTULO NUEVE

# Shalom, mi amigo

**Un RAYo de LUZ** Imagínese que alguien le permite meter la mano en una bolsa de pepitas de oro para que coja lo que quiera. Así será este capítulo. Ahora va a recibir pepitas de oro de tesoro evangelístico. No tendrá que aprender en forma difícil a costa de otro, sino que le entregaremos entendimientos preciosos de experiencia. Espero que tenga las manos ansiosas para recoger todo lo que pueda.

Si yo tuviera que aplicarme un apodo de super-héroe, sería "Capitán metiendo la pata". Tengo una increíble facilidad para hacer las cosas muy insensatas cuando testifico. Realmente, he perdido la cuenta de cuántas veces he sido desconsiderado, torpe, o sencillamente estúpido cuando hablo con los pecadores sobre su salvación. (¡Como le parece que haya tirado a ese muchacho en la piscina! ¿Cuál otro habría hecho eso?" A veces mi cerebro se duerme mientras estoy despierto. ¡Odio eso! Entonces, decidí escribir este capítulo para ayudarme a ser más amoroso y comprensivo con los que quiero ver recibir la salvación. Si quiere leerlo, se lo permito hacer.

## NO GOLPEE A LA ABUELITA

Cuando está hablando con personas de otra religión, no se enfoque en los errores de sus creencias. Jesús dijo, *"Y yo, si fuere levantado de la tierra, a todos atraeré a mí mismo"*, (Juan 12:32). La cruz es lo que atrae a las personas a Dios. Use la ley para producir convicción de pecado y preparar el camino de salvación; después, presente el evangelio, que es el poder de Dios para salvación (Romanos 1:16). Enfoque la predicación de la verdad, en lugar de hablar de cosas falsas. Mayormente las personas no son muy comprometidas con su religión; es más cuestión de algo heredado que lo que realmente creen. La persona puede decir, "Nací judío; moriré judío", pero que rara vez asiste a la sinagoga. Es asunto de su crianza.

Cuando critica la religión de otro, que es su herencia, para él, usted está criticando a su abuelita. Va a cerrar los oídos, porque se pone a la defensiva. He visto a personas de toda clase de trasfondo religioso seguir a Jesús sin que yo tenga que desmentir las enseñanzas falsas de su religión. Sencillamente, ellas llegan a la fe en Cristo; y después, en forma natural, le dan la espalda a sus antiguas creencias erróneas.

## NO GANEMOS EL DEBATE A COSTO DE PERDER UN ALMA

Cuando era joven, recuerdo haberle testificado a un ateo convencido, frente a un grupo de amigos que usaban drogas. El ateo alzó la voz buscando discutir conmigo, pero yo razonaba con él sobre sus creencias. Por la gracia de Dios, no perdí la paciencia. Hablé con calma y tono suave. Una joven agnóstica de quince años nos estaba escuchando en silencio desde cierta distancia. Cuando terminamos la charla, ella se me acercó y dijo, "Pude prestarle atención, porque usted tiene una cosa diferente. Su actitud no es como la de él. Usted tiene amor". Pude testificarle posteriormente, y la llevé a mi iglesia algunas veces. Perdimos el contacto con el paso de los años; pero hace poquito me buscó, y me llamó con noticias maravillosas (no era la primera mujer que buscara mi teléfono, pero esta vez no era una prima). ¡Hacía poco, ella había llegado a la salvación, y ahora es una apasionada seguidora de Jesús! ¡De hecho, está dirigiendo la alabanza en una de las iglesias más grandes de la nación; y es también madre adoptiva de seis jovencitas!

Con cuidado, lea varias veces este pasaje:

> *Pero desecha las cuestiones necias e insensatas, sabiendo que engendran contiendas. Porque el siervo del Señor no debe ser contencioso, sino amable para con todos, apto para enseñar, sufrido; que con mansedumbre corrija a los que se oponen, por si quizá Dios les conceda que se arrepientan para conocer la verdad, y escapen del lazo del diablo, en que están cautivos a voluntad de él".*
> **(2 Timoteo 2:23-26)**

Tu meta no es vencer a las personas; es buscar su salvación. Todo depende de la actitud. La forma que usa para tratar a la gente puede ser más importante que lo que usted dice.

## PINTAR CUADROS CON LAS PALABRAS

Las Escrituras nos dicen que Jesús *"les enseñaba por parábolas muchas cosas,* (Marcos 4:2). Por supuesto, Jesús sabía hablar con la gente; Él fue nuestro ejemplo. La mayor parte de las enseñanzas públicas fue transmitida a través de historias, tratando cosas comunes y familiares a Sus oyentes. Los que deseaban oírle se identificaban con el mensaje; y el sentido de Su lección les resultó ser más profundo. A nadie le gustan las explicaciones aburridoras. Al hacer descripciones frescas y intrigantes, la mente tiene con qué formar un cuadro visual, y las verdades eternas son más fáciles de recordar.

En *The Evidence Bible (La Biblia de evidencias)* compilado por Ray Comfort, hay maravillosas historias para usar cuando testifica (ver "Springboards".)

## COMPARTA SU HISTORIA

Jesús, después de librar a un hombre poseído por demonios, le dijo, "*Vete a tu casa, a los tuyos, y cuéntales cuán grandes cosas el Señor ha hecho contigo, y cómo ha tenido misericordia de ti,* (Marcos 5:19). Fue el testimonio de la mujer samaritana que llevó mucha gente de su ciudad a Jesús (Juan 4:28-30; 39-42). ¿Qué es un testimonio? Su testimonio es solo compartir cómo Dios le salvó. No es tanto su pasado; eso solamente establece la escena; sino lo importante es el mensaje que Dios usó para llevarle a su conversión. No se enfoque en lo que el diablo hizo en su vida, sino en lo que hizo Jesús.

- ¿Cómo fue su vida antes de Cristo? (Estaba perdido en el pecado, etc.)
- ¿Qué pasó y cuándo le salvó Dios? (Oyó el evangelio en cierto lugar, fue adoptado como hijo de Dios, le fue dado un nuevo corazón, fue hecho libre de los pecados del pasado, etc.)

> "Es importante recordar que su experiencia personal no salvará a nadie, solamente el evangelio lo hará".

La forma en la cual Dios *le* salvó tocará los corazones de las personas. Permita explicar verdades espirituales en términos terrenales que las personas puedan identificar para sus propias vidas.

Su testimonio personal puede ser la llave a su corazón. Muchas personas piensan que si no tienen una historia dramática de una vida pasada llena de pecados, su testimonio no vale; pero en eso están equivocadas. Algunas de las historias más relevantes son las de personas criadas en la iglesia, que oían mensajes durante muchos años; pero que cierto día fueron realmente convertidos. El testimonio de los que han amado a Jesús desde la niñez también significa muchísimo; a pesar de su "inocencia", entendieron a una temprana edad que estaban perdidos sin Cristo. Eso puede hablar al corazón de un individuo de edad madura que ha roto los Diez mandamientos. La historia de una persona que había sido un borracho al borde del suicidio, puede emocionarnos, pero no toda persona se impresiona con esto. Mucha gente puede identificarse con alguien que ha vivido una vida feliz y rutinaria, que después tuvo un encuentro transformador con Dios.

Es importante recordar que su experiencia personal no salvará a nadie, solamente el evangelio lo hará (Romanos 1:16). Si comparte su historia de salvación, siempre recuerde utilizarla como una introducción para hablar de la ley y del evangelio. Explique como descubrió que estaba perdido y que era culpable, cómo oyó lo que Jesús hizo, cómo llegó a la fe, etc. Hay tanto valor en un testimonio de salvación que en el libro de Hechos por sí solo, vemos como Pablo usó su testimonio tres veces.

## NO SE SALGA DEL TEMA

No se deje distraer del mensaje del evangelio con preguntas como "¿De dónde consiguió Caín su esposa?" Un grupo llegó donde Jesús a preguntarle sobre ciertos hombres que habían muerto en forma impresionante. ¿Qué hizo Jesús? Él tornó la dirección del tema para ayudarles a ver su propia necesidad: les señaló el Día del juicio, diciendo, *"Os digo; No; antes si no os arrepentís, todos pereceréis igualmente"*, (Lucas 13:3). Él les llevó desde lo intelectual al área de la consciencia. Se puede perder horas con una conversación interesante pero que trata solamente cuestiones intelectuales que dejan a las personas todavía lejos del reino. Es importante tomar el tiempo para contestar preguntas sinceras, pero recuerde siempre de volver a lo de su consciencia. La próxima vez que un escéptico se ponga a lanzarle muchas preguntas, déle una respuesta rápida, pero después puede hacer lo que hacía Jesús: volver a cómo está la persona delante del Señor.

Cuando llega a la parte de la conversación en la cual la persona empieza a expresar inquietudes, probablemente ya han dejado el tema de la ley (PDJD); entonces, puede volver ahí brevemente, poner las cosas en perspectiva y enfocar cómo es su consciencia frente a la ley. Puede hacerle preguntas como, "¿Cuántas mentiras piensas que has dicho en tu vida?" "Si Dios te preguntara, '¿Por qué te debo permitir en Mi cielo, siendo que eres mentiroso, ladrón, adúltero?' ¿cómo responderías?" Son buenas tus inquietudes, pero al final, creas en Él o no, tendrás que pararte delante de Él. Ya me has dicho que delante de Él, estarás encontrado culpable. ¿Hay algún pecado en tu vida que es más importante que evitar ser condenado al infierno?"

Se ha dicho que el escéptico no puede encontrar a Dios por la misma razón que un criminal no puede encontrar a un policía: no quiere verlo. Muchas inquietudes son solamente una cortina de humo que busca tapar una consciencia culpable, y pasar por alto las claras evidencias que Dios ha puesto de Sí mismo en todo lugar (Romanos 1:19-20). Cuando me parece que la persona está haciendo preguntas a las cuales realmente no quiere respuestas, a menudo pregunto, "Si yo pudiera contestar todas tus preguntas más importantes sobre Dios de manera que todo tuviera sentido para ti, ¿te arrodillarías y llegarías a ser seguidor de Jesucristo ahora mismo?" No puedo recordar la última vez que alguien contestara que sí. Intento hacer que la persona examine la motivación de sus preguntas: ¿realmente quiere saber la verdad, o si ama su pecado a tal punto que pasaría por encima de toda verdad, aunque signifique que pasaría la eternidad en el infierno?

En realidad, Dios no tiene que contestar nuestras preguntas; y nuestra falta de entendimiento sobre algunas cosas no cancela la validez de lo que Dios ha revelado claramente. Contestar las preguntas de la gente tiene una parte importante en el proceso de testificar (dedicamos un capítulo entero a preguntas, el Capítulo 11); pero siempre hay que recordar que es el *evangelio el* que es poder de Dios para salvar a las almas, no cuestiones como si Adán tuvo ombligo o no. Al seguir el ejemplo de Jesús, asegure que toda conversación regrese a la condición del alma que la gente tiene, delante de Dios.

## ESPERAR LA INSPIRACIÓN

No espere "sentirse guiado" por el Espíritu Santo antes de testificar. Hace muchos años, cuando yo dirigía un equipo de evangelización en la calle, llevé al grupo a un centro comercial que quedaba cerca y "esperé en el Señor". Esperé a que el Espíritu Santo me guiara exactamente a la persona con quien debía hablar. Esperé más de una hora para una "cita divina", y no le testifiqué a nadie. Mi problema era que no entendía que Dios deseaba que uno le testificara a *todos.*

¿Piensa que Dios no me "guió", porque no quería que nadie oyera el único mensaje que le podría salvar? ¡Por supuesto que no! Eso sería muy insensato. Fue que yo procedí bajo mi propia ignorancia, porque había oído que teníamos que ser "guiados" sobrenaturalmente. El pasaje que a menudo se usa para "esperar Su guía" se encuentra en Romanos 8:14, que dice, *"Porque todos los que son guiados por el Espíritu de Dios, éstos son hijos de Dios".* Muchas personas solo miran este versículo sin considerar el contexto, pero hay que leer el capítulo entero. Pablo no hablaba aquí de testificar, sino que nos estaba animando a seguir los deseos puros del Espíritu Santo, y no los deseos pecaminosos de la carne. Ninguna parte de las Escrituras nos enseña a esperar cierto sentir antes de testificar. Somos instruidos a ir al mundo entero y predicarle el evangelio a *"toda criatura"* (Marcos 16:15).

Si un niño se cayera en el hoyo de un ascensor y si estuviera a su alcance, ¿esperaría para "sentir" salvarlo? ¿Lo dejaría ser aplastado por el ascensor, si no sintiera el impulso específico de Dios para salvarlo? ¿Pensaría, "Hay mucha gente a punto de perecer en todo el mundo; necesito saber si esta es la persona que el Señor ha preparado"? No, no necesita orar o esperar que Dios le impulse a rescatar a los que perecen. ¡Qué locura!

## NO AHOGAR LA SEMILLA

Tenga cuidado de no perseguir a sus amigos con el tema de Jesús. No haga de cada conversación un sermón. Sea normal. Hable con la gente de cosas normales del diario vivir (evitando, por supuesto, lo mundano o pecaminoso). Podría alejar a sus compañeros, familia y amigos si los hace sentirse incómodos en su presencia. Puede estar pendiente de esos momentos especiales para charlas de corazón a corazón en cuanto al Señor, pero no les testifique cada día. Tome un paso hacia atrás y descanse en el Señor.

## NO SEA UNA PERSONA RÍGIDA

Si estuviera de visita en Japón, seguramente no se acercaría a alguien diciendo, "Shalom, mi amigo". ¿Por qué? Sabe que él le tomaría por loco. Pero cuando testificamos, por alguna razón pensamos que podemos ignorar las normas sociales cuando testificamos. Debe usar su vocabulario normal y no términos "religiosos". La mayoría de los jóvenes no tienen idea de lo que significan las palabras como "salvo", "redimido", "nacido de nuevo", o "arrepentirse". Juntamente con la palabra, explique el significado o el concepto, pero evite decir cosas que pueden sonar confusas. Hable en forma clara y entendible. Si usa la palabra "arrepentirse", puede también añadir, "eso significa tener un cambio de corazón, buscar a Dios, y dejar el pecado. Significa hacer una "U" de 180 grados, decidir amar y vivir para Jesús".

Un joven, sincero pero equivocado, me dijo que cuando la persona a quien él le estaba testificando prendió un cigarrillo y él le dijo que lo apagara o se terminaba la conversación. ¡Eso es como tratar de limpiar un pescado antes de cogerlo! Es una manera fácil de apartar a las personas de Dios. (Por lo menos, ¡no lo lanzó en una piscina!) Pero la gente está perdida, de modo que tenemos que entenderlos. Si maldicen, mantenga la calma. Las personas espiritualmente ciegas no pueden ver. Hay que amarlas y tenerles paciencia.

Pablo dijo, "*A todos me he hecho de todo, para que de todos modos salve a algunos*", (1 Corintios 9:22). Sea accesible a la gente. Entre más tiempo pasamos en la iglesia, más rígidos llegamos a ser. ¿Por qué? Nos ocupamos tanto con los cultos, las actividades y los estudios bíblicos, que perdemos la noción de cómo la gente "normal" piensa. Párese un momento para ver las cosas a través de los ojos de ellos.

## USTED SIEMBRA, PERO ES DIOS QUIEN SALVA

Como explicamos antes, *"La salvación es de Jehová"*, (Jonás 2:9); no es de nosotros, La salvación no es por obras, ni tampoco es por presionar a las personas a "decir una oración". Somos responsables de predicar el evangelio, pero Dios es el responsable de los resultados. Necesitamos prepararnos para testificar, convencer y contestar preguntas; pero al final, la salvación de toda persona, y el momento cuando ocurra, es completamente entre ellas y Dios.

Una vez cuando estaba testificando en un parqueadero cerca a una escuela de secundaria, me encontré con un grupo de jóvenes bullosos que estaban fumando marihuana. En poco tiempo, llegaron a ponerse alocados y desenfrenados. Gracias a Dios, pude detectar quién era el líder, y hablar directamente con él. Los demás del grupo se calmaron y pusieron cuidado a la conversación. El muchacho maldijo a Dios con extrema indignación, me informó que de niño había sido violado y que odiaba a Dios por haberlo permitido. Calmadamente traté de razonar con él por un rato, pero cuando observé que él no estaba abierto a la lógica, cortésmente me aparté del grupo.

Algunas semanas después, estaba testificando cerca a esa misma escuela de la secundaria, cuando él salió desde un grupo de jóvenes, y me saludó. Dijo, "Hola, tú eres la persona que habla de Dios". Se detuvo para conversar conmigo mientras sus amigos siguieron su camino. Me dijo que después de las clases, él tendría que encontrarse con un hombre en cierto callejón; y que lo iban a matar. Yo no tenía idea de lo que estaba hablando, de modo que le contesté, "Okay". Entonces, con un tono más bajo y serio, me dijo, "¿No entiendes? ¡Él me va a *matar!*" Entonces, le pregunté, "¿Cómo quieres que te ayude—

que ore por ti? Tú maldijiste a Dios la última vez que hablamos" (en momentos así, el discernimiento habría sido útil; de costumbre, yo no habría demostrado esa frialdad). Él me pidió disculpas y dijo que después, le dolió mucho haber hecho eso; ahora me pidió que yo orara por él. Le dije que él necesitaba ponerse en paz con Dios; brevemente le volví a explicar el evangelio.

Yo había sembrado la semilla con anterioridad, y ahora Dios la estaba haciendo crecer en él. Ya deseaba seguir a Cristo y cambiar sus costumbres. Entonces, unos minutos antes de sonar el timbre señalando el comienzo de clases, y con cantidades de jóvenes que venían hacia nosotros, nos arrodillamos a la sombra del Coral Springs High School, en la misma acera donde los estudiantes salían de sus buses escolares. Ahí él dio su vida a Cristo. Los estudiantes que se dirigían a sus clases tenían que desviarse por el césped, mientras oramos. ¡Era algo asombroso!

Pablo dijo, *"Yo planté, Apolos regó; pero el crecimiento lo ha dado Dios"*, (1 Corintios 3:6-7).

## NO SEAS UN SANTURRON ESPIRITUAL

Evite la apariencia de santurrón que ve a los demás como seres inferiores. No les hable con desprecio. Sea sincero, comentando sin entrar en detalles que usted también ha pecado. Muchas veces, comento que "He roto once de los Diez mandamientos". Merezco el infierno". La gente se ríe de mi comentario y no me perciben como un orgulloso. Otra vez, es útil decir, después de repasar el asunto de la ley, "No te juzgo, sino que tú mismo me acabas de decir que en tu corazón, eres mentiroso, ladrón y adúltero". Con su tono de voz demuestra sencillez, y que habla desde el punto de vista de un criminal perdonado, y no de un juez arrogante. Alguien comentó que "Testificar es como un mendigo que le habla a otro mendigo sobre dónde encontrar el pan".

No pretenda tener todas las respuestas. La gente le respetará cuando usted admite no saberlo todo, y en estas situaciones se ofrecen a buscar la respuesta a sus inquietudes. No es sabio fingir tener respuestas cuando no las tiene, y la gente lo va a detectar.

## MANTENGA VIVA LA ESPERANZA

Testificar puede ser *muy* desalentador si no tiene el enfoque correcto. Hay muchas razones para tirar la toalla cuando la gente no tiene interés, cuando no hay fruto o porque recibe comentarios negativos. ¡Pero ánimo! A través de este libro, he compartido algunas historias de éxito como fruto del testificar, con el deseo de inspirarle; pero tenemos que admitir que esa no es la regla. Para cada historia de "éxito" hay docenas de casos desalentadores que al principio parecen ser "fracasos". Pero nunca sabemos qué hará Dios con las semillas que plantamos; además, no es nuestro asunto. Usted solo tiene que ser fiel para hacer la parte que nos ha sido encomendada: compartir el evangelio con cada persona posible. Mantenga la llama de compasión ardiendo fuertemente, en sol o en sombra, sabiendo que Dios sigue obrando mucho después de la conversación.

## Palabras que reCONFORTan

Repito que es muy importante no dejarse desviar de la meta intentando contestar preguntas inútiles, como, "¿Puede Dios hacer una piedra tan grande que Él no la pueda levantar?" Una manera sutil para contestar esta pregunta sería decir: "No sé. Pero una cosa que sí, sé, es que Jesús dijo que hay una piedra tan grande que va a caer sobre ti y que te volverá polvo. ¿Qué crees que significa esto?" El versículo es, *"El que cayere sobre esta piedra será quebrantado; y sobre quien ella cayere, le desmenuzará",* (Mateo 21:44). En otras palabras, cuando alguien llega a Cristo (la piedra de la analogía), llega contrito por su situación pecaminosa. La culpa siempre debe ir acompañada de tristeza, no solo porque hemos pecado contra Dios, sino por lo que nuestra redención le costó.

Sin embargo, si seguimos en nuestro pecado, haciendo preguntas necias, rehusando arrepentirnos y llegar al Salvador, esa misma piedra caerá sobre nosotros y nos desmenuzará. Cuando alguien muele algo hasta volverlo polvo, no queda nada por fuera. El juicio de Dios en el Día del juicio va a ser tan minucioso, que juzgará las obras hechas en la oscuridad y en la luz, todo pensamiento que ha entrado en el corazón pecaminoso del hombre, y toda palabra frívola que ha salido de la boca pecaminosa.

Cuando testificamos, debemos ir directo a la meta, sin rodeos. Debemos llegar a la parte más interesante. Repase los Diez mandamientos para dar conocimiento de pecado, después vaya directo al punto principal, que es el mensaje de la cruz. Es esto es lo que quieres proyectar en la pantalla a todo color.

# GUÍA DEL ESTUDIO

*El líder del grupo: escriba en pedazos de papel las palabras "ateo", "musulmán", "judío, y "convertido falso" (una palabra por papel), para utilizar en una práctica de diferentes roles. Doble los papeles y métalos en un recipiente.*

## PARA **COMENTAR:**

1. La tarea de la semana pasada era testificarle a un desconocido. ¿Cuántas personas cumplieron con esto? ¿Cómo les fue? Hable de los detalles. Si no lo hizo, ¿qué fue lo que mayormente le impidió?
2. Testificar a alguien por primera vez puede ser asustador, y eso a su vez causa que no sea fácil pensar con claridad. Si pudiera volver a repetir la conversación, ¿qué habría dicho en cambio?
3. En el Día del juicio, ¿piensa que tendrá dolor por oportunidades que no aprovechó? Si el Señor nos permite tener la visión de las multitudes en el infierno, sabiendo que habría podido hacer mucho más para alcanzarlos, ¿cómo se sentirá?
4. Si alguien tiene un sinfín de preguntas y no demuestra sinceridad para buscar respuestas, ¿qué puede decirle para poder volver al asunto de su consciencia?
5. Verdadero o falso: ¿Debemos esperar sentirnos "guiados" antes de testificarle a alguien? Explique su respuesta.

6. ¿Cómo podemos rechazar el desánimo cuando la gente no se salva inmediatamente?

## PARA **ANALIZAR:**

¡Tomemos unos minutos para practicar jugando un rol! Cada persona cogerá un papel del recipiente. Después, en parejas, una persona tomará el rol según el nombre en su papel, a la vez que la otra le testifica. Después cambiarán de rol.

Recuerde no criticar las creencias de la otra persona. En su lugar, enfatice a Jesús. Si la otra persona declara, "Pero soy ateo", vuelva la conversación al PDJD y MRS, para ayudarte a presentar el evangelio. Utilizarán 10 minutos.

## PARA **INVESTIGAR:**

Lea el siguiente pasaje bíblico, y después comente su significado.

**Juan 4:4-42.**

1. ¿Qué nos dice este pasaje sobre las prioridades de Jesús?
2. ¿A cuál de los Diez mandamientos se refirió Jesús cuando habló con la mujer samaritana? (Ver los versículos 16-18)
3. Según el versículo 39. ¿Qué resultado surgió a través de su testimonio de Jesús?
4. ¿Cuáles lecciones podemos aprender de Jesús en esta historia?

## PARA **INTERIORIZAR**

*"Porque por gracia sois salvos por medio de la fe; y esto no de vosotros, pues, es don de Dios; no por obras, para que nadie se glorie".*

**Efesios 2:8-9**

## PARA **VIVIR:**

Prepare una carta para un amigo inconverso o miembro de la familia. En este capítulo, aprendió a aclarar y compartir su testimonio, utilizando la ley (las malas noticias) y el evangelio (las buenas nuevas); entonces, ahora es tiempo de poner este conocimiento en práctica. Escribirlo hará que sea más fácil organizar sus pensamientos sobre lo que quiere decir, y con cuidado escoger sus palabras para ser sensible y demostrar amor, siendo claro y directo. Dedique suficiente tiempo para hacer esto, y leerlo varias veces. Podría también considerar llamar a un amigo cristiano para recibir sus sugerencias (muchas veces, otras personas pueden ver cosas que nosotros ignoramos). Después, guarde esta carta para la próxima lección, cuando hablaremos de cómo puede utilizar lo que escribiste.

CAPÍTULO DIEZ

# Cómo ganar a los amigos y a los familiares

**Un RAYo de luz:** Algunas personas que nos resultan ser más difíciles de impactar son nuestros más allegados. No queremos dañar la relación, pero a la vez, no queremos que salgan de esta vida sin Jesús. No pierda la esperanza en cuanto a sus seres queridos, y no deje de compartir con ellos el mensaje que necesitan oír. Los consejos de este capítulo le ayudarán a navegar en estas aguas difíciles.

Una fría Navidad, un anciano zapatero estaba sentado solo en su pequeño negocio, leyendo sobre la visita de los reyes magos a Jesús. Mientras él pensaba en los regalos que le llevaron, pensó, "Si mañana fuera la primera Navidad, ¡sé lo que le regalaría!" Se levantó y recogió desde un estante un par de pequeños zapatos hechos de suave cuero blanco, con brillantes hebillas plateadas. "Le daría éstos, mi trabajo más fino".

Al acostarse esa noche, poco después de haber cerrado los ojos, oyó una voz que llamó su nombre; y él reconoció esa voz: "Tú has querido verme", dijo el Señor, "Mañana pasaré por tu ventana. Si me ves y me invitas a entrar, seré tu huésped, y me sentaré a tu mesa".

El zapatero estaba tan emocionado que no pudo dormir esa noche. Hizo aseo en su pequeño negocio, y con anticipación se sentó al lado de la ventana. Después de poco, vio pasar un anciano sin hogar, soplando sus delgadas manos frías para calentarlas. *Pobrecito, debe estar medio congelado,* pensó el zapatero. Abrió la puerta y le llamó. "Ven, caliéntate, y toma algo caliente". Con gratitud, el anciano aceptó la invitación.

Pasó otra hora, cuando el zapatero vio a una pobre mujer cargando su bebé. Estaba exhausta, y se detuvo para descansar al lado de la puerta de su casa. Él le dijo, "Entra, ven a calentarte mientras descansas".

"Muchas gracias. Estoy llevando a mi bebé al hospital. Ambos estamos enfermos", explicó. "Mi esposo está de viaje fuera del pueblo, y no hay nadie más que pueda ayudarme".

"¡Pobrecita!" exclamó el anciano. "Ambos pueden comer algo mientras que se calienten. ¡Qué cosa, veo que tu bebé no tiene zapatos!"

La mamá suspiró y dijo, "No tenemos dinero para zapatos".

"Entonces, te daré este par". El zapatero recogió los zapatos blancos que había apartado la noche anterior, y los puso en los pies del bebé. Calzaban a la perfección. Mientras hablaban, el anciano compartió el evangelio con la mujer, y hablaron de la verdadera esperanza de este mundo. Poco después, la joven madre siguió su camino, descansada y llena de gratitud; y el zapatero volvió a su puesto al lado de la ventana.

Pasaron las horas, y el zapatero compartió su hospitalidad con muchas almas necesitadas; pero el esperado huésped no llegó. Finalmente, ya de noche, el anciano se acostó con el corazón dolido. "Solo fue un sueño", suspiró. "Tenía la esperanza en mi corazón, pero Él no llegó".

De repente, la alcoba se llenó de una luz gloriosa. El atónito zapatero vio delante de él, a uno por uno, al hombre sin hogar, la mamá con su pequeño enfermo, y todas las personas que él había ayudado durante el día. Cada una le sonrió y le preguntó, "¿No me viste? ¿No me senté a tu mesa", y desapareció.

Entonces, suavemente, en el silencio, oyó otra vez la voz suave, que repetía las palabras familiares, *"Porque tuve hambre, y me disteis de comer; tuve sed, y me disteis de beber; fui forastero, y me recogisteis...De cierto os digo que en cuanto lo hicisteis a uno de estos mis hermanos más pequeños, a mí lo hicisteis"*, (Mateo 25:35, 40).[19]

Muchas veces es más fácil alcanzar a otros como si estuviéramos extendiendo las manos al mismo Jesucristo, cuando están fuera de nuestra familia; pero tenemos que recordar que nuestros más allegados también necesitan el evangelio. Ya que hemos presentado algunas maneras de vencer el temor y compartir el evangelio, vamos a enfocarnos en ese grupo que nos atemoriza: testificarle a nuestros amigos y familia. A continuación, presentamos algunas sugerencias de cómo ser luz a los que conocemos, abriendo camino para el mensaje del evangelio.

## CÓMO ATRAER A OTROS A JESÚS

Antes que Dios me salvara, pasaba mi tiempo con gente desordenada. Había deportistas, miembros de pandillas, bebedores, fiesteros y vendedores de drogas. Un día cuando me dirigía desde el gimnasio a la casa, me encontré con un grupo de mis amigos. Juan, vendedor de drogas con poca paciencia, se me acercó y quiso boxear con palmadas (en lugar de puños). Mis brazos estaban exhaustos después de mis ejercicios en el gimnasio, de modo que le dije que no estaba en condiciones. Después que me dio unas cachetadas en la cara, me animé. Estábamos en eso cuando de repente, mi "amigo" empezó a golpearme fuertemente. Me tapé la cara y no volví a responderle. Cuando él se detuvo para recobrar el aliento, le pregunté qué le pasaba. Resulta que, porque mis brazos estaban entumecidos por el cansancio, accidentalmente le había golpeado fuertemente en la cara, y él pensó que yo deseaba una pelea de verdad. Le expliqué mi situación, y él hizo una pausa para considerarlo.

Él sabía que recientemente, yo había empezado a tomar a Dios en serio; de modo que, con asombro, dijo, "¡Tremendo! ¡Tú me presentaste la otra mejilla! ¡Qué va! ¡No puede ser!" Momentos después, todavía con asombro, me dijo, "En tu lugar, me habría defendido". Después, me agitó la mano y me pidió disculpas.

Poco después, Juan empezó a llegar a la iglesia. Más adelante, llegó a ser un sincero seguidor de Jesús y dejó de vender drogas. Juntamente con su familia se fue a vivir lejos, porque alguien le puso precio a su cabeza. La última vez que oí de él, pasaba cada día por todos los lugares peligrosos de su área, compartiendo a Jesús con todo el mundo.

La Biblia dice que las esposas deben someterse a sus esposos, de modo que *"los que no creen a la palabra, sean ganados sin palabra por la conducta de sus esposas"*,(1 Pedro 3:1). Este pasaje dice *"los que no creen"*, indicando que habían oído el evangelio pero que lo rechazaron. Sin embargo, pueden ser ganados para Cristo con la vida piadosa de un ser querido (aquí se refiere a la esposa, pero también se aplica a otros). Puede tener un impacto grande en las vidas de sus más allegados. Cuando las personas ven que nosotros las tratamos como trataríamos a Jesús, ponen cuidado. Puede ser que no entiendan el amor de Dios, pero lo pueden sentir. Las acciones hablan más fuertemente que las palabras. Debemos no *solo* predicar a las personas, sino también amarlas.

## AUMENTE EL IMPACTO DE SUS PALABRAS

Su estilo de vida no puede reemplazar sus palabras, pero puede darles más potencia. Quiero decir que, es obvio que *necesita* explicar el mensaje de Jesús, o la gente no sabrá cómo ser salva; pero después de eso, vivir una vida consagrada puede hacer más real lo que dice.

> "Las acciones hablan más fuerte que las palabras. Debemos no solo predicar a las personas, sino también amarlas".

Al principio, los padres de una de las muchachas más fieles de mi grupo de jóvenes, le prohibieron asistir a la iglesia. Su mamá estaba resentida contra una iglesia donde ella antes había asistido, y así rechazó "la religión organizada". La tomaba como solamente "algo con fachada de hipocresía". Pero al ver el crecimiento de su hija en Cristo, volvió a examinar el tema. Y la joven, en lugar de argumentar, ahora le escuchaba y fue abierta con ella. Poco a poco, la mamá cambió de opinión; y más adelante, gustosamente, dejó que la hija asistiera a la iglesia. Estaba agradecida con la iglesia por la ayuda que le habían brindado a su hija; y un domingo la mamá asistió a un culto.

Referente a cómo debemos vivir, la Biblia dice:

> *"Pero alguien dirá: Tú tienes fe, y yo tengo obras. Muéstrame tu fe sin tus obras, y yo te mostraré mi fe por mis obras".* **(Santiago 2:18)**

Es fácil hablar; pero debemos demostrar nuestra fe por nuestras acciones. Se ha dicho, "Hay cinco evangelios: Mateo, Marcos, Lucas, Juan y tú. Algunos no leerán los primeros cuatro". Si uno aprieta un limón, sale jugo de limón; al apretar una naranja, sale jugo de naranja; si aprieta un cristiano, debe manifestar lo de Cristo. Desde la abundancia de nuestro amor hacia Jesús debemos reflejar nuestro Salvador a través de nuestras actitudes y acciones.

Vivir una vida consagrada y demostrar bondad con nuestras acciones valen mucho para demostrarle a la gente cómo es Dios. Jesús dijo, *"Alumbra vuestra luz delante de los hombres, para que vean vuestras buenas obras, y glorifiquen a vuestro Padre que está en los cielos",* (Mateo 5:16). Como seguidores de Cristo, aquí hay algunas sugerencias de cómo demostrar amor hacia nuestros vecinos:

- ¡Sonríe! Es sorprendente cómo eso puede alegrarle el día a alguien.
- Invite a alguien que no conozca bien a pasear con usted y sus amigos.
- Cuando las personas le hablen, présteles toda su atención.
- Comparta con alguien que está almorzando solo.
- Llame a alguien para ver cómo le va.
- Comparta con alguien palabras sinceras animadoras.
- Pague el almuerzo de alguien.
- Ofrezca orar por las necesidades de las otras personas.
- Ofrezca comprarle un carro a alguien (¡hablamos en broma!)

## NO SE ESTRESE INTENTANDO HACERLO TODO PERFECTO

Algunos jóvenes me han dicho que se sienten estresados al tratar de hacer todo perfecto, porque tienen la idea de que sus amigos están al asecho de burlarse de sus errores. Tienen la impresión que los demás los están observando de reojo. Es una emoción muy incómoda; y en realidad, otros, *sí están* mirándonos, pero eso no tiene que sernos una carga.

Cuando hay personas que quieren criticarnos por algo, podemos decidir no hacerles caso, porque el problema es de ellos y no de nosotros. Sin embargo, otra causa del estrés es vivir una vida doble. Puede ser que intente hacer todo lo correcto delante de sus amigos incrédulos para incentivarlos a creer; pero cuando ellos no están, vive de manera totalmente diferente. El estrés que siente es semejante a lo que siente un actor que trata de recordar sus líneas. No fluyen naturalmente de su corazón, porque él trata de actuar un rol que no es. La razón de su estrés puede ser que intenta solamente *parecer* ser bueno. Deje de buscar la apariencia, y *viva* en santidad. Una vida santa debe fluir de un caminar saludable con Dios, no solamente como un acto demostrado delante de los inconversos.

La Palabra de Dios nos dice, *"Absteneos de toda especie de mal"*, (1 Tesalonicenses 5:22). Como creyentes, no debemos evitar ver cosas inmundas solamente por temor a que un amigo incrédulo nos descubra. Debemos evitar todo ello porque decidimos odiar lo malo. No debemos estudiar la Biblia solo para dar la apariencia de saber muchas cosas. Debemos escudriñarla a diario porque queremos acercarnos más a Dios. ¡Lo único que necesita es enamorarse de su Hacedor!

En lugar de buscar demostrar un buen ejemplo, *sé* un buen ejemplo. Ame a Jesús, no solo para dar buen testimonio, sino para su propio bien. El salmista dijo, "*Como el ciervo brama por las corrientes de las aguas, así clama por ti, oh Dios, el alma mía*",(Salmo 42:1). Ten ga hambre de Dios. Arrodíllese en reverente silencio delante de la cruz, relájese y sonría por la maravilla que es la creación, sienta ardiendo en usted su agradecimiento por todo lo bueno que Dios ha puesto en su vida. Alábele por todo lo que Él es. Si sigue a Dios de cerca por amor a Él, vivirá la clase de vida que no puede pasar inadvertida. *Atraerá* a la gente al Señor, y no sentirá ningún estrés.

## LOS DESCONOCIDOS VERSUS LA FAMILIA

Cuando le pregunto a los jóvenes si se sentarían más cómodos testificándole a gente desconocida (que podría incluir hasta drogadictos y matones); o su propia familia, usualmente escogen a los extraños. ¿Por qué? ¡Porque nunca volverán a ver a los desconocidos!

Si se equivoca al hablar con una persona que no conoce, no es problema; sólo tiene que dejarle un tratado y ensayar con la siguiente persona. Si ofende a un extraño, está tranquilo, porque puede sencillamente agitar la mano y salir con una sonrisa. Pero es diferente con los amigos allegados y la familia; porque si los ofende, pueden pensar que usted es un religioso fanático y se sentirá mal. ¡Qué lío!

A continuación, presentamos unas sugerencias que funcionan con cualquier persona, pero referente a sus más allegados o familiares, pueden ser bastante útiles cuando testifique.

- Busque un lugar quieto y sin distracciones (lo ideal sería en su casa).

- Tenga la conversación solamente entre los dos (en caso de alguien del sexo opuesto, puede escoger un lugar público o tener consigo un amigo cercano).
- Debe ser una conversación y no un sermón. No exhorte a la otra persona, también permítele hacerte preguntas, y analiza lo que comenta.
- Regálale una chocolatina. (¡Personalmente, presto mucha atención cuando me regalan los "M & M"!)
- Comparta su testimonio de cómo Jesús le salvó y cambió su vida. (Compartir humildemente su experiencia evita la apariencia de un "sermón", y muchas veces es una forma muy prudente de presentar el evangelio).
- Busque que su voz y la expresión de su cara le transmitan a la otra persona la *sinceridad* de su interés y amor en el Señor.
- No le hable a la otra persona en forma despreciativa, como si usted fuera lo máximo y ellos como nada.

## ERRORES QUE ALEJAN A LA GENTE DE DIOS

La Biblia dice, *"El nombre de Dios es blasfemado entre los gentiles por causa de vosotros"*, (Romanos 2:24). ¿Quiénes eran los "vosotros" de este versículo? Eran los hipócritas religiosos; los que decían que adoraban a Dios, pero que eran orgullosos, falsos y de doble cara.

La palabra "hipócrita" viene del término griego para pretender o actuar. Jesús dio esta explicación: *"Este pueblo de labios me honra, mas su corazón está lejos de mí"*,(Marcos 7:6). Los hipócritas dicen que aman a Dios pero su vida no lo refleja. Es verdad que cada creyente peca en diferentes ocasiones, pero el término se refiere a los que no son salvos que pretenden serlo. El hipócrita es un cristiano falso (en el cielo, no habrá ninguno, Mateo 7:21; 24:51). Él es como un actor de Hollywood que hace el papel de otra persona; o como el que canta música "rap" y da gracias a Jesús al final de la competencia, pero sus canciones son llenas de referencias a las drogas, al sexo y tienen un lenguaje corrompido.

Escuche el mensaje de *Si quieres atraerme a Jesús,* por Grover Levy:

> Tu mensaje es claro, suena tan sincero, y tus intenciones son buenas. Sobre el perdón del pecado y la vida eterna, yo todo lo creería si pudiera; pero te he observado desde lejos, y he visto cómo tratas a las personas a tu alrededor. Y no veo nada del amor y de la gracia de la que tanto hablas.
>
> *(Coro)* Si tú quieres guiarme a Jesús, debes encontrar una mejor manera, porque tu vida me habla tan duro que no puedo oír ni una palabra de lo que dices.[20]

La hipocresía en tu vida ahoga tus palabras de consejos. La misma jovencita que la gente observa levantar sus manos en la reunión de jóvenes los miércoles, chismosea los viernes por la noche. De veras, ¿puedes culpar a las personas que no quieren tener nada que ver con la iglesia? Una parte de *mí* no quiere ir a la iglesia. La hipocresía es repugnante.

La hipocresía es una manera fácil para *apartar* a las personas de Cristo. Puede que usted haya sido un hipócrita; en este caso, ¿qué debe hacer? Debe ponerse en paz con Dios, y decidir echar fuera todo eso que es falso. Si se ha portado como un santurrón o ha juzgado a los demás, debe arrepentirse de sus actitudes equivocadas. Después, debe pedirle perdón a sus amigos y sus familiares y empezar de nuevo.

## Palabras que reCONFORTan

Un zapatero tiene carga por las almas necesitadas. Siempre está buscando a los que tienen necesidades, porque es experto en recoger suelas desgastadas, repararlas y volverlas como nuevas.

Este mundo triste está lleno de almas desgastadas e impías, cansadas de la lucha diaria de estudiar para lograr conseguir un mejor trabajo, de las labores para sostenerse, del pago de la gasolina, de los viajes al lugar de empleo y la búsqueda de ganar más dinero para mejorarse en el futuro.

Pero hay un cansancio que no es por lo de la lucha diaria, porque es de la condición del alma. Jesús habló de esto cuando dijo, *"Venid a mí todos los que estáis trabajados y cargados, y yo os haré descansar"*, (Mateo 11:28). Este cansancio no proviene de los desafíos del diario vivir, sino por estar bajo la carga de su pecado.

Si ha visto la película tomada de la gran alegoría, *El progreso del peregrino,* puede ser que recuerde cómo Peregrino llegó al Calvario. En la medida que iba llegando, se notaba que tenía un pesado bulto de pecado en la espalda. Pero al dirigir su mirada al Salvador que sufrió en la cruz, puso su confianza en Él, y de inmediato, ese gran bulto fue quitado de su espalda y se cayó abajo. Entonces, Peregrino llegó a ser Cristiano, y se levantó, fuerte y victorioso, como nueva criatura en Cristo.

Si usted también ha puesto su fe en el Salvador que murió y resucitó, decida también ser un ganador de almas, con hermosos pies calzados del evangelio de la paz. Y al salir en fe, que Dios le conceda para Él las almas que están luchando bajo la pesada carga de sus propios pecados.

# GUÍA DE ESTUDIO

## PARA **COMENTAR:**

1. ¿Cómo le fue al escribir su carta? ¿Le pareció difícil, y si fue así, por qué? ¿Hubo personas que desearon leer su propia carta de testimonio?
2. ¿Qué aprendió de la historia del zapatero?
3. ¿Piensa que el amigo de Allen que vendía drogas habría llegado a la iglesia, si Allen le hubiera golpeado en venganza? ¿Cuánto piensa que nuestras acciones impactan a otros?
4. Un área en donde los hipócritas a menudo tropiezan es en la falta del hábito diario de buscar a Dios. Respecto a la lectura de la Biblia, orar, testificar y compartir con otros creyentes, ¿cuál le es más difícil? ¿Por qué? ¿Cómo lo puede hacer mejor?
5. Si alguien le preguntara cómo testificarle a un amigo, ¿qué le diría?
6. Mencione algunos actos de bondad que podemos hacer para reflejar el amor de Jesús.

## PARA **ANALIZAR:**

En grupos pequeños, indiquen cuáles de los tres frutos del Espíritu (Gálatas 5:22-23) les son más difíciles: amor, gozo, paz, paciencia, benignidad, bondad, fe, mansedumbre, templanza.

Escojan un tema que es un desafío para todos, y presenten una actuación en la que alguien demuestre ese fruto y otra persona, no. (Un ejemplo de la falta de un fruto: una muchacha es golpeada accidentalmente con un balón de futbol, y se enoja contra todo el equipo). Cada equipo puede utilizar 10 minutos.

## PARA **INVESTIGAR:**

Lea el siguiente pasaje bíblico, y después comparta su significado:

**Mateo 5:13-16.**

1. ¿Cómo funciona la sal?
2. ¿Qué quería decir Jesús al llamarnos sal y luz?
3. ¿Cómo puede ser sal en su escuela o colegio?
4. ¿Qué acto suyo podría esconder su luz? ¿O hacer perder el sabor de su sal?

## PARA **INTERIORIZAR:**

*"Porque el siervo del Señor no debe ser contencioso, sino amable para con todos, apto para enseñar, sufrido".*

**2 Timoteo 2:24**

## PARA **VIVIR:**

La tarea de esta semana se hará en grupos de a dos. Primero, idearán tres *acciones bondadosas extraordinarias* para hacer esta semana. Por ejemplo, podrían comprar un regalo bonito para un familiar, invitar a alguien a almorzar con ustedes (del mismo sexo), o dar una palabra sincera de ánimo.

Ahora, llegó el momento de hacerle sudar las manos: esta semana podrá compartir las noticias más maravillosas que hay, con una amistad o miembro de la familia (una persona conocida).

Recuerd las malas noticias (PDJD), y las buenas nuevas (MRS). Hable con amor. Puede compartir personalmente, o por medio de una carta suya. Como sea, haga un acto amable y amoroso a favor de esa persona con anterioridad; eso puede hacer que su mensaje sea mejor recibido.

Después, escriba cómo le fue. Tome nota de cualquier pregunta que no supo contestar, y preséntela en el próximo estudio en grupo.

CAPÍTULO ONCE

# ¿Pero si me dicen....?

**Un RAYo de luz:** ¿Alguna vez se ha quedado sin saber cómo contestar a una pregunta? Si había testificado antes, sabe que muchas preguntas inesperadas pueden surgir. Pero estamos aquí para ayudarle. En las próximas páginas, le daremos respuestas para las preguntas más comunes que hace la gente.

Un temor principal que muchos jóvenes tienen en común (aún lo experimentan los adultos) es que si les harán preguntas para las cuales no tienen la respuesta. Temen pasar por una verguenza y dejar la impresión de falta de conocimiento en esa área. ¿Qué de los perdidos? Hay que pensar en las cosas desde la perspectiva de las otras personas. Sus preguntas sinceras pueden representar tropiezos que ellos tienen, que obstaculizan se fe; y necesitan respuestas inteligentes. Dios también quiere que estemos preparados para contestar esas preguntas.

> *"Estad siempre preparados para presentar defensa con mansedumbre y reverencia ante todo el que os demande razón de la esperanza que hay en vosotros".* **(1 Pedro 3:15)**

Este capítulo le dará algunas ideas de cómo contestar algunas de las preguntas más comunes que hace la gente. Dedique algo de tiempo para leer y repasarlas, para poder tener sus respuestas ya listas.

## DERECHO AL CORAZÓN DE EINSTEIN

En unos momentos, va a recibir algunas sencillas pero poderosas respuestas intelectuales; pero primero, quiero sugerirle que, al hablar con los inconversos, no gastes mucho tiempo en el área de lo intelectual (el lugar de diferencias de opinión). Conteste sus preguntas con paciencia y honestidad, pero después vuelve al tema de su consciencia (el entendimiento sobre lo bueno y lo malo). De otro modo, podría terminar malgastando horas discutiendo temas, y la persona no entenderá su necesidad de ponerse en paz con Dios.

Cuando un grupo de personas le preguntó a Jesús sobre una tragedia local, y posiblemente el tema del sufrimiento, Jesús contestó dirigiendo su atención hacia el Día del juicio (Lucas 13:1-5). Debemos hacer lo mismo. En lugar de discutir extensamente sobre la evolución, supuestas contradicciones en la Biblia, etc., utilice la ley para volver a la consciencia y la tremenda necesidad del perdón de Dios que tienen las personas.

Puede decir, "Esa es una buena pregunta", contestarla en forma breve, y después seguir con el tema: "El asunto principal es que nos hemos rebelado contra Dios; usted necesita Su perdón. Me dice que ha violado Su ley y merece Su ira. ¿Eso le asusta? A mí me aterra".

Recuerde, *"La ley de Jehová es perfecta, que convierte el alma"*, (Salmo 19:7). La ley fue diseñada para que *"toda boca se cierre y todo el mundo quede bajo el juicio de Dios"*,(Romanos 3:19). La ley hizo el pecado *"sobremanera pecaminoso"* para *"llevarnos a Cristo"*,

(Romanos 7:13; Gálatas 3:24). Cuando está hablando con alguien sobre la ley, la consciencia de la persona es su aliado. Es la voz interna que le convence que es culpable. Cuando ve su verdadera necesidad, sus argumentos intelectuales quedarán sin importancia, y el evangelio tendrá sentido.

***"He violado los Diez mandamientos, pero de todos modos, soy una buena persona. Iré al cielo".***

Mucha gente piensa que es "suficientemente buena"; pero no es así. Pensemos en este escenario: un hombre estuvo frente al juez en una audiencia legal. Después de ser culpado de haber cometido el homicidio, el hombre pide que el juez le deje salir libre, porque era una "buena persona" (consiguió buenas calificaciones, le daba dinero a obras benéficas y ayudaba a los ancianos). ¿Sería posible que el juez, si cumpliera la ley, le podría soltar? ¡De ninguna manera! El hombre era homicida. Ninguna cantidad de buenas obras puede borrar su terrible crimen. De la misma manera, no podemos evitar el infierno por ser "lo suficientemente buenos". Ya somos culpables de haber pecado al violar la ley moral de Dios, los Diez mandamientos. Las cosas buenas que hacemos no pueden borrar nuestros pecados. Necesitamos que el Juez nos conceda Su misericordia (Efesios 2:4-5; Tito 3:5). El perdón de Dios solamente llega a través de nuestro arrepentimiento y fe en Jesucristo.

***"La Biblia fue escrita por meros hombres; es solo un cuento de hadas".***

Cuando usted escribe un mensaje de texto, ¿lo escribe, o lo hace su celular? Por supuesto, es usted el que escribe; su teléfono es solamente el instrumento que usa. De la misma manera, Dios utilizó a hombres para escribir Su "mensaje de texto" para la humanidad, la Biblia; pero Él fue quien lo escribió. La Biblia lo explica así: *"Toda la Escritura es inspirada por Dios"*, y que *"nunca la profecía fue traída por voluntad humana, sino que los santos hombres de Dios hablaron siendo inspirados por el Espíritu Santo"*, (2 Timoteo 3:16; 2 Pedro 1:21). Usted puede *probar* que Dios escribió la Biblia, al hacer un estudio de las profecías sobrenaturales de la Biblia.

***"¿Cómo puede un Dios de amor enviar gente buena al infierno?"***

Dios no envía a la gente buena al infierno; Él solo envía a los pecadores. (Tenemos que recordar que a los ojos de Dios, no existe ninguna "persona buena". ¿Qué tal si alguien matara a su amada mamá? (Dios no lo permita). Detienen al asesino, lo llevan a juicio y es condenado. El juez, con el convicto delante de él, dice "Ah, es cierto que mató a esa mujer, pero eso no es de importancia; solamente evite cometer el homicidio en el futuro". Y así no más, libera al homicida. ¿Qué tipo de sentimientos tendría usted hacia ese juez? ¡Seguramente querría que le pusieran a *él* en la cárcel! Este tipo de juez, si no castigara al culpable, sería un malvado y corrupto criminal.

En el día del juicio, Dios no será injusto; Él se segurará que se haga justicia. Si morimos sin el perdón de Dios, que es por medio del arrepentimiento y creer en Jesús, recibiremos lo que merecemos por nuestros pecados. Dios no envía a la gente al infierno porque Él sea cruel; manda a las personas a la cárcel del infierno, porque Él es Juez justo y bueno; y somos culpables de haber violado su perfecta y santa ley.

***"Si Dios existe, ¿por qué existe el sufrimiento?"***

Empiece su respuesta diciendo, "¿Por qué pregunta eso?" Muchas veces, las personas expresan la pregunta por razones personales, y no en sentido general. Puede ser que tienen un ser querido que está sufriendo, o que se acaba de morir. En este caso, yo contestaría con compasión que me duele el sufrimiento de su familiar. Después diría que no sé si alguna respuesta mía podría mitigar su dolor; pero que Dios le tiene una profunda compasión. También podría decir que orará por su familia esa noche.

Entonces, si existe un Dios bondadoso y amoroso, ¿por qué ocurren tantas cosas malas en este mundo? Tenemos tres opciones:

- Dios no es todopoderoso. Si nos ama y está pendiente de nosotros, pero que no hace nada para solucionar el problema, debe ser que no tiene el poder de hacerlo.
- Dios no es amoroso. Si tiene el poder de arreglar nuestro mundo pero no lo hace, debe ser que no nos ama. Es un dictador cruel que se divierte observando a los pequeños niños morir de leucemia.
- El mundo está radicalmente dañado; y eso es lo que la Biblia enseña: el problema es la relación entre Dios y el hombre.

La Biblia dice que *"Como el pecado entró en el mundo por un hombre, y por el pecado la muerte, así la muerte pasó a todos los hombres, por cuanto todos pecaron"* (Romanos 5:12). Fuimos creados para vivir por siempre con Dios en el huerto del Edén, en perfecto gozo y salud; pero el pecado lo dañó todo. Como resultado de la desobediencia del hombre, entraron en el mundo la enfermedad, el sufrimiento y la muerte. Ciertamente no podemos culpar a Dios por el resultado del pecado del hombre. Somos nosotros los que producimos las altas cifras de homicidios, violaciones y crímenes por nuestros pecados. En lugar de ver el sufrimiento como una excusa para rechazar a Dios, debemos verlo como una lógica razón de buscarle a Él.

El sufrimiento nos recuerda que todos somos culpables y que desesperadamente necesitamos Su perdón.

***"La evolución es un hecho científico; por lo tanto no hay Dios"***

En realidad, no hay absolutamente *nada* de evidencia científica para la evolución. La aseveración que desde la nada llegó a crearse todo lo que hay es una imposibilidad científica. Nunca podría organizarse un montón de escombros para formar un avión, no importa cuánto tiempo se deje pasar. Para que la evolución funcionara, varias cosas tendrían que tomar lugar:

- Algo tendría que aparecer de la nada y explotarse, después producir la vasta cantidad de elementos que hay en el universo (¿de dónde vino la primera materia y qué causó la explosión posterior?).
- La vida tendría que surgir de algo sin vida. (Las cosas sin vida que empiezan a vivir es invento de las películas de terror).
- El ADN, el "libro de vida", con sus detallados códigos de instrucciones, tendría que haberse escrito por sí solo. (¿Sus programas de computador se organizaron por casualidad o fue que alguien inteligente los escribió?)
- Las criaturas de una sola célula tendrían que haberse convertido en organismos increíblemente complejos (desde una sopa a personas), sin evidencia fósil. (No hay *ningún* fósil transicional de los billones que deberíamos encontrar según su teoría).

La evolución tiene muchas teorías, pero no puede producir nada como evidencia real para demostrar de dónde vino el universo, la vida, el "libro de vida", los peces y las personas. Hay toneladas de evidencia para la creación divina, de modo que nunca debe tener miedo de enfrentar este asunto con los que son sinceros y abiertos. (Para ver excelentes argumentos contra la evolución, recomendamos el libro de Ray, *Cómo saber que Dios existe;* y las películas gratis de FullyFreeFilms.com, "Evolución versus Dios" y "El engaño ateo").

Recuerde apuntar al punto principal. Coméntele a la persona, "La evolución no es lo que importa; lo que realmente importa es tu situación delante Dios cuando mueras. ¿Has obedecido la ley de Dios, los Diez mandamientos?"

***"¿Quién hizo a Dios?"***

Piense un momento sobre el espacio. ¿Tiene fin? ninguno. Si fuera a viajar billones y billones de millas en una nave espacial y llegara a una pared con las palabras "El fin", la pregunta natural sería, "¿Qué hay más allá de esa pared?" La mente humana no puede comprender lo infinito, de modo que tenemos que creer (tener fe) que el espacio no tiene ni principio ni fin. Eso es exactamente lo que ocurre en cuanto a Dios. Nuestras mentes limitadas no pueden comprender el concepto de que Dios está fuera del marco del tiempo que Él mismo creó; y que Él no está limitado por ello. Él es el Alfa y la Omega, el principio y el fin (Apocalipsis 21:6). Como aceptamos por fe que el espacio no tiene ni principio ni fin, también aceptamos que lo mismo pasa con Dios: Él ha existido siempre.

***"Soy judío (o musulmán, hindú, agnóstico, etc.)"***

"Está bien. ¿Te consideras ser una buena persona? ¿Has guardado los Diez mandamientos?" ¿Alguna vez has mentido?"

Puede testificarle a alguien de otra religión de la misma manera que lo haría con cualquier otra persona. Recuerde que la ley revela que *todo el mundo* es culpable delante de Dios (Romanos 3:20). La ley moral universal se aplica a todos y prepara el corazón para tener fe (Gálatas 3:24). Después de compartir el evangelio, puede mencionar las profecías cumplidas sobre Jesús, que intelectualmente comprueban que Jesús es el Salvador para toda persona, no solo el cristiano. Puede optar por sentarse con la otra persona y compartirle Isaías, y preguntarle de quien habla el pasaje. Después podrá explicar que eso fue escrito setecientos años antes del nacimiento de Jesús.

(Para más información de cómo testificarle a las personas de otras religiones, puede buscar el libro de Ray, *World Religions in a Nutshell (Breve resumen de religiones del mundo).*

***"Todas las religiones son solamente diferentes caminos al mismo lugar".***

"Para comprobar tu teoría, solo tienes que subirte a tu carro y empezar a manejar hacia Roma (como dice el refrán, 'Todos los caminos llevan a Roma'). Según tu tesis, puedes manejar por cualquier carretera, y en unos pocos días debes encontrarte en el estacionamiento del Vaticano". Realmente, ¿vemos la insensatez de la idea, desde este punto de vista, verdad? Obviamente, un camino le llevará en cierta dirección, mientras que otro a un lugar diferente.

Esta frase, de costumbre, es repetida por personas que no siguen *ninguna* religión. Es solamente una excusa fácil. Pero si observa los puntos de vista de las diferentes religiones, en poco tiempo verá que no se dirigen al mismo destino. Algunos ofrecen un paraíso sensual, otros a la nada, donde la persona se vuelve "uno con el universo". Con destinos tan diversos, no es extraño que haya instrucciones contradictorias que envían a las personas en direcciones totalmente diferentes. En realidad, todos los caminos terminan en callejones sin salida.

Jesús dijo, *"Yo soy el camino, y la verdad, y la vida; nadie viene al Padre sino por mí"*, (Juan 14:6). ¿Por qué Jesús es el *único* camino al Padre en el cielo? Es porque Él es el único que podría pagar el castigo de nuestros pecados en la cruz. Es solamente a través de Él que podemos recibir el perdón de Dios (Hechos 4:12).

***"Yo soy homosexual".***

Primero que todo, no somos criticones de los homosexuales, ni de nadie, porque eso no reflejaría a Cristo. Los homosexuales están a la expectativa de recibir un rechazo y listos para quitarnos la cabeza. Entonces, en lugar de discutir el sobre el matrimonio entre los homosexuales, volvamos a la ley. Muéstreles que están perdidos aparte de su pecado sexual. La Biblia dice, *"Conociendo esto, que la ley no fue dada para el justo, sino para los transgresores y desobedientes, para los impíos y pecadores...para los sodomitas (homosexuales),"*1 Timoteo 1:9-10). La ley fue dada para los homosexuales.

Lleve al individuo a la ley, como haría con cualquier otra persona. Pregúntele, "¿Te consideras ser una buena persona?" Después, siga con "¿Has guardado los Diez mandamientos?" y mencione algunos. Puede llevarle a Jesús sin mencionar el estilo de vida homosexual. Muéstrele que es pecador y que se merece el infierno *porque violó los Diez mandamientos;* entonces, no tiene que discutir sobre el homosexualismo. Si la persona siente el peso de sus pecados y llega a Jesús, se arrepentirá y nacerá de nuevo. Como resultado, dejará el homosexualismo y sus otros pecados. Utilice la ley; fue diseñada para llevar a los homosexuales a Cristo.

***"¿Cómo puedo creer en algo que no puedo ver?"***

En realidad, creemos en muchísimas cosas que no podemos ver. ¿Alguna vez ha visto el viento? ¿Y qué de la historia antigua?

¿Ha visto su cerebro? Vemos los efectos del viento, pero el viento es invisible. Tenemos libros de historia, pero es por "fe" que creemos que esos eventos ocurrieron.

Cree muchas cosas que no puede ver. ¿Por qué? Porque son cosas lógicas. Pensemos un momento. ¿Cómo sabe que alguien pintó la Mona Lisa? No puede detectar al pintor con sus sentidos: no lo puede ver, oír, tocar u olerle. Pero es sencillo: si hay una pint*ura*, tiene que haber existido un pint*or*. El cuadro es toda la prueba que necesita tener. Ocurre lo mismo con los edificios. Si hay una construcción, debe haber habido un constructor. Y si hay una creación, tiene que haber habido un Creador.

***"Hay demasiados hipócritas en la iglesia".***

Estoy de acuerdo. Sin embargo, si viera a una persona gorda en el gimnasio, ¿cancelaría su membresía? Si llega a un restaurante y el cajero le trata mal, ¿decidirá no volver a comer fuera?

Hay hipócritas que van a la iglesia cada domingo, pero eso no debe afectar a los verdaderos cristianos. (Recordemos, como vimos en el Capítulo 10, que los hipócritas son actores—falsos cristianos o falsos convertidos.) Cuando se reúne con los seguidores de Jesús para adoración, enseñanza y compañerismo, los hipócritas no importan. No está en la iglesia por ellos, está ahí por Dios.

Sabemos que en el Día del juicio, Dios separará a los que pretenden seguirle de los que realmente le aman de verdad. La Biblia dice que todos los hipócritas, juntamente con los que rechazan a Cristo, terminarán en el infierno (Mateo 24:51). Entonces, si no quiere estar con los hipócritas por toda la eternidad, ponga su fe en Cristo, e irá al cielo, el único lugar donde no habrá ninguno de ellos.

*"Creo en la reencarnación".*

Si yo le mostrara una lata de Coca-cola, y le preguntara cuánto piensa que mide, y luego le preguntara lo mismo a otra persona, seguramente recibiría dos respuestas diferentes. Ambos pueden creer haber acertado, pero el sentido común dice que eso no sería posible. ¿Cómo podemos saber su medida en realidad? Debemos usar una medida establecida: utilizar una regla y medirla.

Como la regla es nuestro estándar para mediciones, la Biblia es nuestro estándar para definir la verdad (una mirada a sus profecías comprueba eso). Nos dice lo que es correcto y lo que no es, lo verdadero y lo falso. La Biblia dice, *"Está establecido para los hombres que mueran una sola vez, y después de esto el juicio"*, (Hebreos 9:27). Explica que morimos una sola vez y después tendremos que estar delante de Dios en el juicio. Después pregúntele a la persona, "Si existe un cielo, ¿piensas que eres lo suficientemente bueno como para llegará allí? ¿Has guardado los Diez mandamientos?"

Si se prolonga el diálogo, puede preguntar en broma qué forma le gustaría tener en la otra vida. Eso dependería de Dios, porque Él es el que crea los cuerpos. Pregunte cómo funcionaría eso frente al crecimiento de la población (ésta se ha multiplicado a través de los milenios, y así muchas nuevas almas). El libro, *The Evidence Bible (La Biblia de evidencias)*, explica acertadamente: "La idea del karma exige una 'fuerza' impersonal que pueda ver a todas las personas en todo lugar, apuntar sus actos, determinar cuáles son buenos y cuáles malos, resumir los resultados, y asignarle a cada persona su identidad en la siguiente vida. Tendría que ser una entidad eterna, inteligente, omnisciente, omnipotente, moral, justa y equitativa. Esta es la descripción de nuestro santo y justo Juez, y no la de una fuerza universal e impersonal.

***"No tengo que asistir a una iglesia para poder ser salvo".***

Es cierto; la salvación solo viene a través del arrepentimiento y la fe en Jesús. Pero cuando alguien se salva, o "nace de nuevo", entiende que Dios quiere que se una a una iglesia para animar a otros creyentes y capacitarse para la obra del servicio; así que, nada puede evitar que él llegue ahí. Los creyentes sinceros quieren agradar al Señor que les salvó, cumpliendo lo que Él dijo.

***"Soy demasiado malo; Dios jamás me podría perdonar".***

Si yo fuera a tomar un billete de cien dólares y aplastarlo, ¿todavía lo querría tener? ¿Qué tal si yo lo tirara al suelo? ¿o en el piso, escupirlo y ensuciarlo con mugre, pisoteándolo con el zapato? ¿Todavía querrías tenerlo, aunque estuviera enmugrado? Por supuesto que sí. El valor del billete no ha cambiado. Lo mismo pasa con Dios. No importa a dónde se haya ido, o lo que haya hecho, para Él, usted todavía es de increíble valor. Él le quiere perdonar. La Biblia nos dice *"Pero Dios, que es rico en misericordia, por su gran amor con que nos amó"*, nos salva por Su gracia (Efesios 2:4). Él probó la profundidad de Su amor hacia los pecadores cuando mandó a Su Hijo a morir en su lugar por sus pecados.

***"Tú me estás juzgando. La Biblia dice, 'No juzgarás'".***

No le estoy juzgando. Con sinceridad me preocupo por usted. Si alguien viera que un carro descontrolado se dirigiera hacia un cochecito de bebé, ¿estaría "juzgando al bebé" si corriera a quitar el cochecito del camino? ¡No! Ayudar a los que están en peligro no es un crimen, sino una virtud. No le condeno, yo también soy culpable como pecador. Con sinceridad, me preocupo por usted, y por eso he preguntado si ha violado la ley de Dios. Si no puede ver que has pecado contra Dios, nunca entenderá o apreciará lo que Jesús hizo por usted en la cruz. Y sin Jesús, nosotros no podemos ser salvos.

*Para ver más preguntas y respuestas, favor mirar* ***The Evidence Bible/La Biblia de evidencias.*** *Ella contesta centenares de las preguntas y los argumentos más frecuentes sobre la fe cristiana.*

## Palabras que reCONFORTan

No soy muy aficionado a la pesca, pero me fascina tener resultados. Si no tuviera que esforzarme nada, estaría feliz sentado en un bote, esperando que un pez tome la carnada en medio de las aguas tranquilas, sin ningún viento, con un cielo azul, buena comida, buen compañerismo y un televisor grande de la mejor marca HDTV.

Pescar es un arte. La palabra "arte" solo tiene cuatro letras, pero puede describir muchas cosas: una pintura, una escultura o música.

En cuanto a la pesca, hay que mantener el enfoque y adquirir la habilidad, si quiere tener éxito. Cuando los pajaritos circulan por encima del agua, usualmente significa que hay peces debajo. Las aguas tibias atraen a los peces, de modo que debe moverse hacia dónde encontrarlos. En un lago, observe si hay un brazo de tierra que se extienda dentro del lago, con aguas profundas en su extremo. También puede buscar lugares de maleza. Los insectos generalmente se proliferan en pequeñas ensenadas al borde del lago, y así son lugares de alimento atractivos para los peces.

Comento estas cosas, porque los mismos principios se aplican a los pescadores de hombres, o sea, a nosotros. Jesús dijo, *"Venid en pos de mí, y os haré pescadores de hombres"* (Mateo 4:19). Si usted es un seguidor de Él, entonces será un pescador. Si quiere alcanzar a las personas incrédulas, hay que ir a dónde ellas se congregan. La naturaleza humana es atraída por las aguas tibias del amor. Compre comida para las personas. Puede atraerlas con la carnada de bondad humana. Tenga en cuenta que a menudo las personas se congregan en lugares que le repugnan. Pero si quiere alcanzarlas, hay que aguantar su música, los anillos en los labios, su ropa extraña, y el lenguaje feo. La gente solo está buscando encontrar su identidad dentro de este mundo oscuro. Recuerde que usted también estuvo perdido antes de llegar a la luz. Puede ver en cada "Saulo de Tarso" el potencial de ser un apóstol Pablo.

# GUÍA DE ESTUDIO

## PARA COMENTAR:

1. La tarea de la semana pasada tenía dos partes. ¿Cuáles acciones de bondad hizo? ¿Cómo reaccionó la gente? La otra tarea, más difícil, era testificarle a un amigo o miembro de la familia. ¿Alguien en el grupo quiere compartir su experiencia? Si pudo tener una conversación, ¿las personas le pusieron cuidado? ¿le hicieron preguntas? ¿Pudo cumplir con utilizar los PDJD y MRS?

2. Si alguien le preguntara por qué Dios permitió que un miembro de su familia sufriera y muriera de una enfermedad, ¿cómo respondería?

3. ¿Qué pasaría si no le fuera posible hacer la transición desde el intelecto a la consciencia de la persona (o sea, dejar la discusión de una pregunta para enfocarse en la ley y la posición de la persona en el Día del juicio)?

4. ¿Cuál ha sido la pregunta más difícil que alguien le ha hecho? ¿Cómo respondió, o en alguna ocasión en el futuro, qué diría?

5. ¿Tiene algunas preguntas sin respuestas? Coméntelas. Es posible que otros en el grupo podrían ayudarle a contestarlas.

6. ¿Cómo debe responder si no sabe cómo contestar a una pregunta?

## PARA **ANALIZAR:**

Otra vez, es tiempo de actuar un papel. En grupos de a dos, uno actuará como el escéptico y el otro le contestará. Utilicen un par de preguntas de este capítulo. Después, cambien de papel. Pueden usar diez minutos.

## PARA **INVESTIGAR:**

Lea el siguiente pasaje bíblico, después comente su significado.

**Hechos 3:12-19.**

1. Pedro les está predicando el evangelio a los judíos en el templo después de haber ocurrido un poderoso milagro. Nombre algunos puntos principales de su mensaje que le llaman la atención.
2. ¿Cómo utilizó Pedro la ley en esta situación para hacer que la gente viera su necesidad del perdón de Dios?
3. Identifique los versículos en los cuales él utilizó los tres puntos del MRS.
4. ¿Qué hizo Pedro para probar que Jesús era el esperado Mesías (Salvador) de los judíos?

¿Por qué piensa que también usó lo mismo con Cornelio y su familia, aunque no eran judíos? (Hechos 10:43). ¿Por qué piensa que, en ambas situaciones, él mencionó a los que eran testigos de la resurrección de Jesús? (Hechos 10:40-41).

## PARA **INTERIORIZAR:**

*"Jesús le dijo: Yo soy el camino, y la verdad, y la vida; nadie viene al Padre, sino por mí",*

**(Juan 14:6)**

## PARA **VIVIR:**

Esta semana, siga repartiendo tratados a la gente con el propósito de entrar en conversaciones para testificar. Cuando utiliza buenos métodos para romper el hielo, es más fácil de lo que pensaría; y con más práctica, aprenderá cómo vencer sus temores. ¡Lo puede hacer! Ocupe unos momentos durante el descanso en la escuela, o invite a un amigo a acompañarle este fin de semana.

No se olvide escribir un resumen de cómo le fue.

CAPÍTULO DOCE

# ¿Moriría por Él?

**Un RAYo de luz:** Esperamos que este capítulo inspirador e interesante le anime a brillar para el Señor con mucho más amor. Cuando se aumenta nuestro amor hacia Él, también amaremos más a las personas. Este último capítulo termina con una buena sugerencia para alcanzar a más personas en dos horas de lo que una iglesia local podría hacer en un año. Mi oración es que la inspiración de esto llegue a su corazón.

Muchos de nosotros vivimos en relativa paz y seguridad, bajo leyes que protegen nuestra libertad religiosa. Para nosotros, puede ser difícil comprender lo que incontables personas alrededor del mundo han tenido que aguantar por su fe. Es importante tomar un momento para pensar en todo esto, primero para apoyar a nuestra familia en Cristo en otras naciones; y segundo, para poner nuestra propia vida espiritual en la perspectiva correcta.

Esfuércese para imaginar los siguientes escenarios:

- Una familia es quemada viva frente a observadores que aplauden el hecho

- Brota la sangre de las heridas de alguien que ha sufrido una paliza
- Un hombre es torturado mientras la esposa es obligada a observarlo
- Docenas de cadáveres llenan la calle

Estos son solamente unos pocos ejemplos de las terroríficas realidades que muchos creyentes enfrentan por su fe en Jesucristo.

En nuestra tierra, somos libres de una persecución severa. Nuestro temor más grande es el rechazo. En muchos otros países, los creyentes están en riesgo de morir por su fe. En nuestro país, los creyentes pueden llevar camisetas que proclaman "¡Dios es grande!" En otras tierras, los creyentes, por temor a ser detenidos, tienen que esconder pedazos de la Biblia para leerlos en la oscuridad de la noche. En nuestra sociedad de café expresso y comidas rápidas sabemos poco de las torturas que mucha gente sufre por su Salvador.

En el libro, *World Christian Trends (Corrientes en el mundo cristiano),* los autores dicen, "durante los últimos 20 siglos y en 238 países, 70 millones de cristianos han muerto como mártires por Cristo".[21] El libro, *Foxe's Book of Martyrs (El libro de los mártires, por Foxe),*dice, "Durante este mismo siglo, más cristianos han muerto por su fe que la suma de todos los (19) siglos anteriores".[22] Se calcula que en el siglo veinte, más de 45 millones de personas fueron martirizados por su fe en Cristo.

Se ha dicho que "Hasta que encuentres algo por lo cual morir, no puedes realmente vivir".

¿Usted moriría por Él?

## EL VIVIR ES CRISTO

El apóstol Pablo conocía el sufrimiento. Escuchemos sus palabras sobre lo que aguantó:

> *De los judíos cinco veces he recibido cuarenta azotes menos uno. Tres veces he sido azotado con varas; una vez apedreado; tres veces he padecido naufragio; una noche y un día he estado como náufrago en alta mar; en caminos muchas veces; en peligros de ríos, peligros de ladrones, peligros de los de mi nación, peligros de los gentiles, peligros en la ciudad, peligros en el desierto, peligros en el mar, peligros entre falsos hermanos; en trabajo y fatiga, en muchos desvelos, en hambre y sed, en muchos ayunos, en frío y en desnudez".*
> **(2 Corintios 11:24-27).**

Sin embargo, él consideró todo este sufrimiento como solamente una "leve tribulación" comparado con el maravilloso peso de gloria que le esperaba en el cielo (2 Corintios 4:17). Aunque él sabía que iba a enfrentar más tribulaciones, dijo, *"Pero de ninguna cosa hago caso, ni estimo preciosa mi vida para mí mismo"*, (Hechos 20:24). Su enfoque era cumplir el ministerio al cual Jesús le había llamado: *"...para dar testimonio del evangelio de la gracia de Dios"*, (Hechos 20:24). Pablo dijo, *"Porque para mí el vivir es Cristo, y el morir es ganancia"*, (Filipenses 1:21). Sus palabras no solamente fueron de labios; se dice que fue decapitado fuera de Roma en el año 67 d.C.

La vida no fue fácil para Pablo, ni tampoco para ningún otro de los apóstoles. La tradición dice que diez de los doce apóstoles originales murieron como mártires por Cristo. Ser fieles a su Salvador les era más importante que escapar los dolores momentáneos de una muerte cruel.

## LOS CUARENTA MÁRTIRES DE SEBASTE

Leighton Ford, en *Good News Is for Sharing (Hay que compartir las Buenas Nuevas)*, escribe una de sus historias favoritas sobre los mártires:

"Los hombres eran conocidos como los cuarenta mártires de Sebaste. En la famosa Legión XII del ejército imperial de Roma, había cuarenta soldados que expresaron su fe en Jesucristo. Un día, su capitán les informó que el Emperador Licinio había enviado un edicto que ordenaba a todos los soldados ofrecer un sacrificio a los dioses paganos.

"Estos guerreros cristianos dijeron, 'Pueden tener nuestra armadura y aún nuestros cuerpos, pero la lealtad de nuestro corazón le pertenece a Jesucristo'. Por causa de su afirmación, en medio del invierno del año 320 d.C., fueron llevados a un lago congelado y desnudados de su ropa. Podían haber renunciado a Cristo en cualquier momento para evitar la muerte. Pero, se abrazaron y elevaron su canto de victoria 'Cuarenta mártires por Cristo'. Esa noche helada vio a treinta y nueve morir en una sepultura congelada. Cuando solo faltaba uno más, ese último hombre subió a la ribera y renunció a Cristo. Pero el oficial encargado le los guardias había llegado a creer secretamente en Cristo. Él se ofreció en reemplazo del hombre que se había salido del grupo y caminó por encima del hielo. Se quitó su ropa y confesó su fe en Cristo. A la salida del sol, los soldados romanos encontraron los cuerpos de los cuarenta hombres que habían dado su todo por la causa de Cristo".[23]

Jim Elliot, uno de los misioneros que fue asesinado por los indígenas auca en Ecuador, dijo: "No es un insensato el que da lo que no puede conservar, para ganar lo que él no puede perder".[24]

## AMOR EQUIVOCADO

Presentamos aquí otro relato impactante de lo que los creyentes han aguantado por Cristo. Lo siguiente es tomado de *El libro de los mártires de Foxe*:

"Timoteo, un diácono de una iglesia en la provincia romana de Mauritania, y su esposa Maura, solo tenían unas pocas semanas como matrimonio cuando llegó la persecución; y los detuvieron por ser cristianos. Poco después de su detención fueron llevados delante de Arriano, el gobernador de la provincia. Él sabía que Timoteo era el encargado de guardar las Sagradas Escrituras en su iglesia; entonces él le ordenó a Timoteo que le entregara las Escrituras para ser quemadas. Entonces Timoteo contestó, "Si yo tuviera hijos, se los entregaría para ser sacrificados antes de entregarle la Palabra de Dios".

"Arriano, airado con esta respuesta, ordenó que le quemaran los ojos con un hierro calentado al rojo vivo, diciendo, "Los libros le serán inútiles, porque no tendrá ojos para poderlos leer".

"El valor de Timoteo mientras aguantaba el horrible dolor, enfureció a Arriano tanto, que ordenó a que lo colgaran por los pies, mientras le ataban un peso al cuello; después le metieron un trapo en la boca. El gobernador pensó que así podría vencer su firmeza.

"Habían forzado a Maura, la esposa de Timoteo, a presenciar todo esto; y ahora ella le pidió a su esposo que cediera por ella, para que no la fueran a forzar a sufrir de la misma manera. Pero cuando le quitaron el trapo a la boca de Timoteo para que él pudiera responder a su petición, en lugar de estar de acuerdo con ella, la culpó de tener un amor incompleto; y repitió su determinación de morir por su fe en Cristo. Como resultado, ella resolvió seguir el ejemplo del valor de su esposo y acompañarle a la gloria. Arriano, cuando vio que no podía romper la nueva resolución de ella, ordenó que le infligieran las torturas más severas. Cuando los tormentos de Timoteo y Maura terminaron, fueron crucificados juntos, lado a lado".[25]

Se ha dicho que "El sufrimiento no es lo peor que nos puede pasar; lo peor sería desobedecer al Señor".

## ORO SACADO DESDE EL HORNO

Al considerar el fuego que sufrieron los mártires, ¿qué tan fuertemente arde su amor hacia Dios? ¿Usted es como Sadrac, Mesac y Abed-nego, que prefirieron sufrir las llamas del horno de fuego que negar a su Dios? ¿Sus deseos frente al mundo han sido crucificados al punto que usted ve su vida, no como una oportunidad de ser rico o popular, sino como una oportunidad de agradar a su Maestro?

¿Qué haría si una persecución fuerte fuera a llegar a su tierra? ¿Qué haría si las iglesias fueran cerradas, la Biblia prohibida y leyes establecidas contra sus reuniones? ¿Arriesgaría su vida para asistir a un culto celebrado en una cloaca? ¿Qué tan importantes le son la comunión con otros creyentes y la enseñanza de la Palabra de Dios? *¿Negaría a Cristo para salvar su vida?*

Escuche las palabras de Jesús:

> *Yendo ellos, uno le dijo en el camino: Señor, te seguiré adondequiera que vayas. Y le dijo Jesús: Las zorras tienen guaridas, y las aves de los cielos nidos; mas el Hijo del Hombre no tiene dónde recostar la cabeza. Y dijo a otro: Sígueme. Él le dijo: Señor, déjame que primero vaya y entierre a mi padre. Y Jesús le dijo: Deja que los*

> *muertos entierren a sus muertos; y tú ve, y anuncia el reino de Dios. Entonces también dijo otro: Te seguiré, Señor; pero déjame que me despida primero de los que están en mi casa .Y Jesús le dijo: Ninguno que poniendo su mano en el arado mira hacia atrás, es apto para el reino de Dios.* **(Lucas 9:57-62)**

Jesús demanda un compromiso total: todo nuestro corazón. Para Él, o es todo, o es nada: no hay ninguna posición intermedia. Tenemos que dejar de actuar como si las palabras de Dios fueran solamente sugerencias o buenas ideas. ¡Sus palabras son verdaderamente las palabras de Dios! No podemos decidir cuáles queremos obedecer y cuáles ignorar. ¡Dios está hablando! Necesitamos caernos de rodillas y clamar, "Tu voluntad es mi deseo. Todo lo que Tú quieres, mi Señor, es la pasión de mi corazón".

## UN ESTUDIO BÍBLICO ILEGAL

Escucha otra historia verídica de *Jesus Freaks(Radicales para Jesús),* sobre una joven que amó a su Señor más que a su propia vida.

"Los soldados comunistas habían descubierto su estudio bíblico ilegal. Mientras que el pastor leía de la Biblia, hombres con armas de fuego se metieron repentinamente en el hogar, aterrorizando a los creyentes reunidos en culto allí. Los comunistas gritaron insultos y amenazaron matar a los cristianos. El oficial encargado apuntó a la cabeza del pastor con su arma y le ordenó, 'Deme su Biblia'.

"Con renuencia, el pastor le entregó su Biblia, su posesión más preciosa. Haciendo una mueca, el guarda tiró la Palabra de Dios a sus pies en el piso. Miró con ira a la pequeña congregación. Gruñó, 'Los dejaremos salir, pero primero, tienen que escupir en este libro de mentiras. Si alguien se rehúsa hacerlo, será fusilado'. Los creyentes no tenían otra opción sino obedecer los órdenes del oficial.

"Un soldado apuntó a uno de los hombres y le dijo, "Usted primero". Lentamente, el hombre se levantó y se arrodilló al lado de la Biblia. Con renuencia, la escupió mientras oró, 'Padre, perdóname por favor'. Se levantó y caminó hacia la puerta. Los soldados se apartaron para dejarlo pasar.

"El soldado dijo, "Ahora, usted", mientras impulsó a una señora hacia adelante. Llorando, ella solo escupió poquito, pero bastó para que le permitieran salir también.

"En silencio, una joven se adelantó. Emocionada por su amor hacia su Señor, se arrodilló y recogió la Biblia. Quitó de ella la saliva con su vestido. "¿Qué le han hecho a Tu Palabra? Por favor, perdónalos" oró.

El soldado comunista puso la pistola en su cabeza y disparó".[26]

Muchos de nosotros no amamos a Dios lo suficiente como para *leer* la Biblia, mucho menos amarla tanto como para morir por ella.

## BAÑADO EN LÁGRIMAS

¿Por qué estamos compartiendo todo esto? En un libro sobre cómo testificar, escrito para jóvenes, ¿por qué usar el último capítulo para hablar de mártires? Es porque los mártires nos recuerdan cómo *debe ser* nuestro amor hacia el Señor.

*Dios no nos ha mandado a morir por Él, nos ha mandado a vivir para Él.* ¿Qué hará usted?

Jesús instruyó a Sus seguidores que si fueran perseguidos en una ciudad, que huyeran a otra (Mateo 10:23). No debemos buscar la persecución, sino vivir vidas santas y puras, y ganar a los perdidos.

Como la mujer pecadora de Lucas 7, que se arrodilló detrás de Él, y lavó Sus pies con sus lágrimas y las secó con su cabello, nosotros que hemos sido tibios, necesitamos arrodillarnos en la presencia del Señor. Al reconocer la totalidad de nuestra maldad, debemos caernos de rodillas y besar los pies del Hijo de Dios, mientras derramamos el perfume de nuestro corazón delante de Él. Necesitamos rechazar nuestra rutina apática de solo culto tras culto sin tener un amor ferviente hacia Dios, y sin ninguna carga por los perdidos. Necesitamos quemar nuestra tibieza y mundanalidad en el altar del arrepentimiento; y vivir como hombres y mujeres transformados. Romanos 12:1 dice, *"Así que, hermanos, os ruego por las misericordias de Dios, que presentéis vuestros cuerpos en* ***sacrificio vivo****, santo, agradable a Dios, que es vuestro culto racional"*, (énfasis añadido).

Necesitamos abrir nuestros ojos y temblar delante de la santidad de Dios. La Biblia dice, *"Cualquiera, pues, que quiera ser amigo del mundo, se constituye enemigo de Dios"*, (Santiago 4:4). Nuestros ojos deben despegarse de las atracciones del mundo y fijarse en la majestad de la cruz. Necesitamos ser quebrantados a causa del peso de nuestros pecados, para así poder recibir sanidad en el esplendor de la misericordia del Salvador.

Si todavía hay pecados secretos que ha guardado en su corazón, ahora es el momento de enfrentarlos honestamente, llevarlos a la luz y darles la espalda. Delante del Señor, confiese todo pecado en humildad y remordimiento, y pídale Su gracia para vencerlos por el poder del Espíritu Santo. La Biblia dice,

*"El que encubre sus pecados no prosperará; mas el que los confiesa y se aparta alcanzará misericordia"* (Proverbios 28:3).

## UNA DEDICACIÓN TOTAL Y SIN RESERVAS

En 2 Reyes 22, leemos de un tiempo de olvido total de las Escrituras, pero que un rey joven, el rey Josías, descubrió el libro de la ley. Al contrario a lo que hacía la mayoría, él no despreció el texto sagrado como si fuera nada. Cuando entendió las leyes de Dios y qué tan apartado de ellas era su reino, rasgó sus vestidos en arrepentimiento, y rogó la misericordia de Dios. Después, promovió el avivamiento más grande que jamás había ocurrido antes en toda la historia de la nación. Prohibió el homosexualismo ritual, la prostitución, el ocultismo y práctica de la adivinación. La Palabra nos dice también que quemó, quitó, cortó, rompió, derrumbó y redujo a polvo todos los lugares y objetos asociados con la idolatría. ¡Me parece que hizo una labor completa y escrupulosa!

Él se consagró al Señor en forma total y sin reservas. Estaba lleno de la pasión de cumplir la voluntad de Dios. Cuando descubrió lo que Dios había dicho, se puso en acción. Limpió la casa, apartó a la nación de su pecado y se la entregó a Dios. ¿Qué pasaría en su familia si usted se entregara totalmente a Cristo? ¿Cómo les afectaría su nueva vida a sus amigos?

Escuchemos cómo la Biblia describe a Josías:

> *No hubo otro rey antes de él, que se convirtiese a Jehová de todo su corazón, de toda su alma y de todas sus fuerzas, conforme a toda la ley de Moisés; ni después de él nació otro igual",* **(2 Reyes 23:25).**

En lugar de ser uno entre muchos que solamente buscara a Dios con *una parte* de su corazón, el rey Josías tenía fuego en el corazón hacia Él. ¿Le gustaría que le reconocieran como alguien que le dio toda su vida a Dios? ¿ Le gustaría que le reconocieran cómo una persona que amaba al Señor más que a su propia vida?

¿Ha renunciado a toda otra cosa para seguir a Cristo? ¿Está listo a arriesgar todo lo que ama por su fe? ¿Está listo para recibir menosprecio por dedicar su vida para seguir al Señor? ¿Está listo para recibir heridas como pruebas de fe—amor, pureza y obediencia? ¿Alcanzará a los perdidos, con o sin el apoyo de sus amigos? ¿Qué tan sincera es su consagración a Cristo? ¿Es completa? ¿Hará todo lo que pueda para salvar a los pecadores de la ira de Dios?

A cien años de hoy estará en la eternidad. Después de esta vida, ¿cuáles son las cosas que importarán? No tendrán valor las opiniones de sus amigos, y los temores de su corazón no importarán. Lo único que tendrá importancia será su obediencia a Dios, y las personas que ha ganado para el Señor. El hombre rico que terminó en el Hades no fue motivado a alcanzar a los perdidos hasta que ya era demasiado tarde (Lucas 16:27-28). No permita que esto le acontezca. Viva su vida a la luz de la eternidad. Debemos aprovechar *"bien el tiempo, porque los días son malos"*, (Efesios 5:16). Gane a los perdidos mientras todavía pueda.

## INSPIRAR A UN EQUIPO DE EVANGELISMO

Si somos sinceros al querer ganar a los perdidos, tenemos que preguntarnos, "¿Cómo podemos alcanzar al mayor número posible? Ya ha aprendido los PDJD y MRS, de modo que ya sabe qué decir. Pero quiero terminar este último capítulo compartiendo la forma que pienso que es la mejor para alcanzar a las masas. Es a través de formar un equipo de evangelismo para testificar en la calle.

Supongamos que cada semana, su iglesia tiene dos visitas nuevas. Si su pastor predica el evangelio en cada servicio, quiere decir que durante el año, 104 personas pueden oír cómo ser salvas. Si lleva un equipo de diez personas para evangelizar, forma cinco grupos de a dos, y todos testifican durante dos horas alcanzando un promedio de 21 personas por grupo, habrán predicado el evangelio a 104 personas. ¿Cuál método le parecer ser el mejor para alcanzar a los perdidos?

Culto en la iglesia + 1 año = 104 personas

Equipo en la calle + 2 horas = 104 personas

¿Cuál método le parece más sensato? Si usted testifica cada semana, ¡en un mes alcanzará a muchas más personas que lo que su iglesia podría hacer en los siguientes *cuatro años!* Los perdidos no están corriendo para entrar en la iglesia, de modo que necesitamos ir adónde ellos se encuentren. ¡Si los peces no están saltando para entrar en el barco, tenemos que meternos en el agua a pescarlos!

¿Por qué no buscar a algunos de sus amigos y dedicar sus viernes por la noche o los sábados por la tarde para rescatar a los perdidos? Podrían ir donde proyectan películas, a centros comerciales, parques o a cualquier otro lugar donde los jóvenes de su área se reúnen (nos referimos a un lugar seguro y bien iluminado). Allí, el equipo podrá compartir amistosamente el evangelio durante dos horas. Después, el grupo podrá buscar un lugar donde comer algo y compartir lo que salió bien, lo que fue difícil, y tomar tiempo para animarse mutuamente. (Para más ideas sobre cómo formar un equipo de evangelismo, visite LivingWaters.com, y busque "Sugerencias para empezar un equipo para testificar en la calle".)

Permítame compartir las palabras de Oswald J. Smith:

> "¡Si entendemos y sabemos que las almas, las preciosas almas inmortales, están pereciendo a nuestro alrededor, en el desespero y la negra oscuridad, perdidas eternamente, pero que no nos angustiamos, ni derramamos lágrimas ni intercedemos, qué corazones más fríos son los nuestros! ¡Qué poco sabemos de la compasión de Jesús![27]

Que Dios le bendiga al seguir el camino del Maestro e intentar rescatar a los perdidos así como lo hacía Jesús.

## Palabras que reCONFORTan

Mientras caminaba, vi a un joven alto salir de un lugar y caminar delante de mí como a una distancia de 10 metros. Mi primer pensamiento fue que debía compartirle el evangelio, pero después se me ocurrieron cuatro razones para no hacerlo. Primero, él iba muy adelantado, y si yo corriera para hablarle parecería como algo extraño. Segundo, era alguien demasiado alto. Soy bajito y él muy alto, de modo que yo estaría paralizado de la verguenza. Tercero, yo tenía miedo. Él no tenía la apariencia de ser miembro de una padilla, pero podría serlo, y yo tendría la culpa si él sacara una navaja y me acuchillara hasta matarme, y dejara mi cuerpo sangrando en la calle. La cuarta razón era la presencia de un león en la calle (ver Proverbios 26:13).

Me hice sordo a esas excusas insensatas, y le llamé: "Oiga, ¿recibiste uno de éstos?" Él volvió y sonrió. Se notaba sorprendido de que le hablara, pero se entusiasmó cuando le ofrecí una de nuestras tarjetas de películas, que le daba entrada gratis a siete de nuestras películas sin costo.

Me presenté y él contestó que su nombre era Elí. Entonces, le comenté, "Qué bonito nombre. Elí, te tengo una pregunta. ¿Piensas que hay una vida después de ésta?" Cuando él contestó que sí, le pregunté si él pensaba que iba a ir al cielo, y que si era una buena persona. Él contestó que sí, entonces repasamos los Diez mandamientos; y después, las buenas nuevas del evangelio. Le pedí que se pusiera en paz con Dios ese mismo día.

Cuando le regalé una tarjeta para comer gratis en Subway, estaba realmente movido. No es cosa de todos los días, que un desconocido le regale un almuerzo gratis a un adolescente de quince años. Tuve el privilegio de compartir el evangelio eterno con un pecador perdido y condenado. Cuando oré por Elí esa noche, estaba muy contento de no haberle hecho caso a mis temores.

Tenga cuidado de no oír sus temores tampoco...cuándo le lleguen.

# GUÍA DE ESTUDIO

## PARA COMENTAR:

1. ¿Cómo le fue con la tarea de la semana pasada? ¿Qué ocurrió cuando repartió los tratados? ¿Tuvo alguna conversación que le permitió testificar?
2. Comparta alguna experiencia de cuando se sintió rechazado o perseguido. ¿Piensa que es más fácil vivir por Cristo que morir por Él? Explique su respuesta.
3. ¿Piensa que le habría dado la Biblia de la iglesia a Arriano para salvar su vida y la de su esposa? ¿Cada cuánto lee la Biblia?
4. ¿Cuál relato fue el que más le desafió en este capítulo?
5. El rey Josías demostró su arrepentimiento delante de Dios quitando todos los ídolos y otras cosas pecaminosas en su nación. ¿Cómo es su fidelidad a Dios comparada con la del rey?
6. En vista de que es sumamente sabio organizar un equipo de evangelismo, ¿por qué más iglesias no lo hacen? ¿Quiénes de la clase quieren testificar como grupo este fin de semana? ¿y hacer de esto un hábito?

## PARA ANALIZAR:

¡Es tiempo de celebrar! Todos los del grupo pueden compartir lo que Dios ha hecho en sus vidas a través de este libro y estudio en grupo. ¿Se dio cuenta de que era un convertido falso, y después le dio su vida a Cristo? Testificó o repartió tratados por primera vez, o aprendió a vencer sus temores. ¿Hay un testimonio que le llamó la atención? ¿Lo quiere compartir con el grupo? Utilice unos minutos para celebrar lo que Dios ha hecho en usted, y a través de usted.

## PARA **INVESTIGAR:**

Lea el siguiente pasaje bíblico y después comparta su significado:

**Hechos 7:48-60**

1. ¿Cuál fue el enfoque del discurso de Esteban durante su defensa?
2. ¿Delante de quién pusieron las ropas de Esteban mientras que él fue apedreado? ¿Alguna vez, ha observado a alguien, pensando, *Dios jamás podría salvar a esa persona?* ¿Cómo piensa ahora?
3. ¿Por qué cree que Esteban no negó a Jesús, para poder vivir y predicar más?
4. ¿Cuáles fueron las últimas palabras de Esteban? ¿Cuáles quiere que sean las últimas palabras suyas?

## PARA **INTERIORIZAR:**

*Con Cristo estoy juntamente crucificado, y ya no vivo yo, mas vive Cristo en mí; y lo que ahora vivo en la carne, lo vivo en la fe del Hijo de Dios, el cual me amó y se entregó a sí mismo por mí".*

**Gálatas 2:20**

## PARA **VIVIR:**

Jesús envió a Sus discípulos de dos en dos (Marcos 6:7; Lucas 10:1); entonces, es bueno tener por lo menos un compañero para animarnos y equilibrarnos, cuando vamos al mundo para compartir el evangelio. Hable con algunos amigos de este pequeño grupo de estudio sobre la posibilidad de empezar un equipo de evangelismo; y fijen un tiempo definitivo para salir juntos. Cuando comparta su fe, al hacerlo más, le será más fácil y le causará menos temor. Además, así alcanzará a más personas con la respuesta que les dará vida.

Recuerde, está enviado con la solución para vencer la muerte y el infierno. No la guarde en su bolsillo mientras los demás se están muriendo. ¡Conságrese a alcanzar el número más grande que le sea posible!

# Notas:

1. Martin Gansberg, "37 Who Saw Murder Didn't Call the Police," *New York Times*, March 27, 1964 <tinyurl.com/yauopo6w>.

2. Ibid.

3. Otros asuntos, como con quién se va a casar, son importantes; pero Dios le guiará en estas áreas mientras que estudia Sus instrucciones en la Biblia, recibe consejos sabios, y confía que Él le guiará como prometió.

4. Leonard Ravenhill, *Why Revival Tarries* (Bloomington, MN: Bethany House Publishers, 1959, 1987), 33–34.

5. Charles Spurgeon, "The Wailing of Risca," Sermon 349, delivered December 9, 1860, at Exeter Hall, Strand.

6. Hudson Taylor, *Hudson Taylor and the China Inland Mission* (London: China Inland Mission, 1919).

7. Adaptado de Curtis Hutson, *Soul Winning with Tracts* (Murfrees- boro, TN: Sword of the Lord Publishers, 1983), 3–5.

8. Charles Spurgeon, "She Was Not Hid," Sermon 2019, delivered April 15, 1888, at Metropolitan Tabernacle, Newington.

9. Lo puede escuchar gratis en HellsBestKeptSecret.com

10. Ray Comfort, *The Way of the Maste*r (Orlando: Bridge-Logos, 2006), 97–99.

11. Para saber con certeza si esto es aplicable a usted, tome tiempo para buscar estos versículos importantes: 1 Juan 2:3-6; 3:6-10; Santiago 2:1417; Juan 15:5-6; Hebreos 12:14;

Marcos 8:34-37; Lucas 9:57-62; 14:25-33; Mateo 7:13-14; 17-19; 13:23; 25:41-46; Efesios 5:5; 1 Corintios 6:9-10.

12. Por supuesto, la disciplina de la iglesia es bíblica y muy necesaria (ver 1 Corintios 5; Mateo 18:15-20); pero aquí hablamos de inconversos que pueden tener la *apariencia* de ser creyentes: asisten a la iglesia y demuestran algo de religión, pero que por dentro, son sepulcros llenos de huesos de muertos.

13. Para una mirada más detallada de los mensajes compartidos por Jesús, Pablo, Esteban, Pedro, Santiago, y otros, ver *¿What DID Jesus Do?(Qué HIZO Jesús?) A Call to Return to the Biblical Gospel* by Ray Comfort.

14. C. S. Lewis, *The Screwtape Letters* (London: Geoffrey Bles, 1942).

15. Para más material sobre el uso de la ley en el evangelismo, busque "Hell's Best Kept Secret" ("El secreto más guardado del infierno"), por Ray Comfort. Lo puede escuchar gratis en HellsBestKeptSecret.com.

16. Ver LivingWaters.com para ver una variedad de tratados maravillosos.

17. La profecía de las "70 semanas" es una de las profecías más asombrosas y profundas de todas las Escrituras. Este pronóstico matemático medio-complejo cubre centenares de años. Una búsqueda en el internet puede darle una explicación más completa de lo que se puede proveer aquí.

18. Professor Peter Stoner, *Science Speaks*, quoted in Josh McDowell, *The New Evidence That Demands a Verdict* (Nashville: Thomas Nelson, 1999), 193–194.

19. Esta es una adaptación de la clásica historia escrito por León Tolstoy, "Donde hay amor, está Dios".

20. "If You Want to Lead Me to Jesus," © 1997 Universal Music - Brent- wood Benson Songs, Sony / ATV Milene Music.

21. David B. Barrett and Todd M. Johnson, *World Christian Trends AD 30–AD 2200* (Pasadena, CA: William Carey Library, 2001).

22. John Foxe, *The New Foxe's Book of Martyrs* (Gainesville, FL: Bridge- Logos, 2001), 323.

23. Adapted from Leighton Ford, *Good News Is for Sharing* (Elgin, IL: David C. Cook, 1977), 16.

24. Jim Elliot, *The Journals of Jim Elliot*, October 28, 1949 entry (Grand Rapids, MI: Fleming H. Revell, 1978).

25. Foxe, *The New Foxe's Book of Martyrs*, 35–36.

26. DC Talk and The Voice of the Martyrs, *Jesus Freaks* (Bloomington, MN: Bethany House, 1999), 50–51.

27. Oswald J. Smith, *The Revival We Need* (Shoals, IN: Kingsley Press, 1922, 2012), 25.

Made in United States
Orlando, FL
16 August 2026

85899502R00122